失敗のチカラ

中途半端アスリートが
オリンピックに出られた理由《わけ》

山﨑良次

かざひの文庫

はじめに

私はオリンピックにも出場したことがある元アスリートです。現役引退後は裏方に回り、ヘッドコーチとして１９９８年に自国開催された長野オリンピックに参加し、２００４年にはアテネオリンピック女子マラソン金メダリストの野口みずき選手のサポートも経験しました。そして今も陸上女子長距離界で、選手の発掘や育成に携わっています。

このように書くと、大層な経歴のように思えるかもしれません。もしかすると、自慢話を聞かされるのではないかと身構える読者もいらっしゃるかと思います。しかし、まったくそんなことはありません。なぜなら、私の競技生活も引退後の裏方生活も、失敗と再チャレンジの繰り返しだったからです。

私がオリンピックに出場した競技は、陸上や水泳、または柔道といった花形の競技ではなく、ボブスレーという冬季オリンピックのマイナーな競技です。古くはジャマイカの男子ボブスレーチームを題材にした映画『クール・ランニング』や、最近では平昌《ピョンチャン》オリンピックでの「下町ボブスレー」騒動で話題になったため、読者の皆さんも競技名ぐらいはご存知かもしれません。でも詳しいルールを知っていたり、実際にボブスレーをしたことがあったり、という方はほとんどいないのではないでしょうか。

当然私も小さい頃からボブスレーに懸けて、この競技でオリンピックに出場するために努力を重ねてきた、なんてことはありません。子供の頃は、恐らく私と同世代の男性のほとんどがそうだったと思うのですが、プロ野球選手になるのが夢でした。しかしプロ野球選手になるためには必須ともいえる野球強豪校への進学をやめて、なぜか陸上自衛隊少年工科学校（現・陸上自衛隊高等工科学校）へ入校。その後もレスリング、大相撲、カヌーと節操なく色々な競技に手を出しては、生来《せいらい》の飽き性も災いしているのか、中途半端に投げ出す、という人生を送ってきました。

そのような私が、なぜ「日の丸」を背負ってオリンピックに出場することができ、また現役引退後もオリンピックの金メダリストや国内トップ選手のサポートに関わるといった活動を続けられているのでしょうか？

運動能力があったから？

いいえ、確かに身体能力は比較的高い方だったとは思いますが、決して人並外れたものではありません。

センスがあったから？

これも違います。どちらかと言うと不器用な方だったと思います。

運がよかったから？

これは正解に近いですね。確かに運はあったと思いますが、それだけではありません。

答えは、私が「失敗する」ということを続けることができたからです。もっと砕いて言うと、色々な競技で失敗した際、それを引きずり過ぎずに次のチャレンジに向かうことができたからです。もちろん後悔がなかったわけではありません。ただ、後悔を引きずらないようにだけはしていたのです。

後悔は引きずらず、なぜダメだったかは真摯に反省して、次のチャレンジにつなげる。

それを繰り返していると、不思議と私を助けてくれる誰か、もしくは新たな目標となる何かに出会うことができ、少しずつでも前に進み続けることができたのです。

「失敗を繰り返すことができた」からこそ、中途半端続きではあった私の人生ですが、そのまま終わることなく好転させていくことができたのです。

「そんなの、結局運がよかったということじゃないか」と思う方もいらっしゃるでしょう。

しかし、困った時に助けてくれる人、あるいはどん底に沈んだ時に新しい目標に出会うためには、運を引き寄せ、目の前に現れたチャンスを自分のものにしていかなければならないのです。私はそれができたため、オリンピック出場の機会を手にすることができ、現役引退後もスポーツの現場に関わっていられたり、望んでいる仕事に巡り合うことができているのです。


運を引き寄せ、どん底の中でもチャレンジし続けるには、どのように生きていくべきか。

一言で言うなら、周囲との関わりに視点を持ち、自分にウソをつかずに前向きに生きる、ということになります。しかしこれだけでは抽象的過ぎて、よく分からないかもしれません。そこでこの本では、恥を忍んで私の浮き沈みの激しい（と言っても、多くの場面では沈んでいたのですが）競技人生、裏方人生を振り返り、数々の失敗から何をつかんで、新たなチャレンジにつなげていったのかを実例として紹介します。

私は今、アスリートのサポートだけではなく、企業の新人、中堅社員、あるいは管理職向けに実践型の基本研修や講演も行っています。その中でよく聞く悩みとして、「変わりたいのにきっかけがつかめない」「頑張ってはいるけど成果につながらない」「モチベーションが上がらない」というものがあります。このような悩みを持つ方々にこそ、失敗してもそこからチャレンジにつなげていくことが生み出す効果に気付いてほしい。そう思い、今回筆を執ることにしました。

では、私の失敗を繰り返した人生を振り返っていきましょう。

失敗のチカラ　目次

1章

レスリングとの巡り合い

恩師がくれた目標

プロ野球選手を目指した少年時代

1979年4月、私は神奈川県横須賀市にある陸上自衛隊少年工科学校の門に立っていた。これから入校式が始まる。

私は、そのあたりにいる「普通の高校生」とは違う青春を送るのだ。そう思うと、身の引き締まる思いがした。

陸上自衛隊少年工科学校、通称「少工」。陸上自衛隊の施設機材・通信機材・火器・航空機等の整備・操作その他の技術者を養成するための学校で、生徒は自衛官として任命され、専門教育を受けることになる。入学時の階級は3等陸士で、毎月俸給も支払われる。もちろん全寮制なので親元から離れ、10代の少年たちが団体生活を送ることになる。中には家族や親族に自衛官がいて、その流れで入学してくるという者もいたが、多くはそうではない。私も同じで、身内に誰か自衛隊員がいたわけではない。私は、少工を受験することに決めた時のことを思い出していた。「案外、あっさり許してくれたなあ」

私は群馬県の嬬恋村《つまごいむら》で生まれ育った。男だけの3人兄弟の次男坊だ。父親どころか、親族の中に誰も自衛官なんていなかった。父は群馬県嬬恋村で農協に勤務している、いたって普通のサラリーマン。自衛官とは縁もゆかりもない人だ。そもそも私自身、自分が自衛官になっているなんて1年前までは思いもよらなかった。

嬬恋村は、いわゆる日本の田舎である。主な産業は自然や温泉、スキーなどの観光業と、キャベツ栽培を主とする農業だ。娯楽と言えるのか村内の西部地区ではスピードスケートが盛んだった。カルガリーオリンピックで銅メダルを獲得した黒岩彰さんやアルベールビルオリンピックで銀メダルを獲得した黒岩敏幸さんをはじめ、何人もの日本代表選手を生んだ村なのだが、私は東部地区で育ったので競技としてのスケートには縁がなく、冬休みにスケート場へ通っているだけだった。そんな私がテレビにかじりついて観ていたのは、大相撲中継とプロ野球中継だ。特にプロ野球。読売巨人軍の長嶋茂雄選手や王貞治選手に憧れ、幼い頃から放課後になると校庭に集まって、友達同士で日が暮れるまでボールを投げ、バットを振り続けた。

中学生になっても、野球への思いは消えなかった。小学校は4年生までは分校で過ごし、

5、6年生になって本校に通うという変則スタイルだったので本格的に野球に取り組む機会はなかったが、中学校に進学すると迷うことなく野球部に入部した。部活動ではもちろん、帰宅後も庭でバットを振り込み、壁に向かってボールを投げ続ける。中学2年の夏に最上級生が引退した後は、エースで4番、キャプテンだった。私の投げる球はなかなか速かったようで、打席のバッターが及び腰になっている姿もよく見かけた。これは、コントロールが悪く荒れ球だったのでデッドボールを怖がっていたのかもしれないが……。

もちろん夢はプロ野球選手になることだった。プロ野球選手になるためには、甲子園に出場し、活躍してプロ球団のスカウトの目に留まるのが近道。そう考えた私は、中学卒業後の進路を早々に群馬県立前橋工業高校に定めた。当時県内の野球名門高と言えば何と言ってもここで、卒業後にプロ野球の道に進んだOBたちが数多くいたからだ。後に西武ライオンズの黄金期を支え、3度の最多勝利賞を獲得した渡辺久信選手も同校の卒業生だ。

そう考えていた中学2年の冬、担任であり野球部の監督でもあった教師と衝突してしまった。原因は些細なことだ。教師は野球をやったことがない素人だった。そのくせ、私たちのやることにあれこれ口出しをしてくるのだ。監督だから当然なのだが、視野の狭い私にはそれが我慢ならなかった。ある日私は、ついに限界を迎えた。

「こんなところでやってられるかよ!」

校内で教師に面と向かって言い放ち、その場を去った、そして二度と部には戻らなかった。それでも先のことは心配はしていなかった。

「野球は部じゃなくてもできる、家でバットを振り、ボールを投げ続けていればいい」

実際、私はその後、ひたすら自宅での自主練習に励んだ。嬬恋村の冬は寒い。そんな日でも、かじかむ手で血が滲むまでバットを振り続けた。

陸上自衛隊少年工科学校への進学

中学3年に進級すると、さすがに高校受験を意識しないわけにはいかなかった。しかし私が目指すのは群馬県立前橋工業高校。決して難関ではない。当時、私の成績は学年約80人の中で真ん中あたり。このまま行けば、問題なく合格するであろう順位だった。

しかし中学3年の5月。受験や進路のことが書かれた雑誌をパラパラとめくっていた時のことだ。私の目に、聞いたことのない学校名が飛び込んできた。

陸上自衛隊少年工科学校——。

最初は興味本位で読み進めた。しかし、そこに書いてあることに、群馬の山奥に住む私は衝撃を受けた。

「全寮制だから、親元を離れて暮らせる」

「給料がもらえる、ボーナスまである」

嬬恋村は自分が生まれ育った村だ。思い入れはある。しかし、心のどこかで一刻も早く村を出たいという思いがあった。まだ中学3年の自分には不可能だと、現実を見て諦めていたに過ぎなかった。神奈川県横須賀市にあるこの学校へ入校すれば、自然と村を離れられる。15歳の私には、刺激的過ぎる内容だった。

早速《さっそく》私は中学校で担任の教師に相談した。親身になって相談に乗ってくれ、すぐに募集要項を取り寄せてくれた。

「俺もこの学校を受験できますか？」

「ああ。でも家に帰って、ご両親とよく相談してから決めるんだぞ」

その日、「受験して合格すれば、村から出られる」という興奮の傍《かたわ》ら、「親にどうやって説明しよう」という、相反する重たい気持ちを抱えながら帰宅した。一時の気の迷いだと一喝されるだろう、それをどう説得すればいいか。あれこれ思案しているうちに、夕食の時間になった。

夕食後、父と母に思い切って話してみた。

「この陸上自衛隊少年工科学校を受験しようと思うんだけど」

父は募集要項をパラパラとめくって眺めた後、言った。

「分かった、がんばれよ」

拍子抜けするぐらい、あっさりとした返事だった。もっと反対されるものと思い、色々と説明の準備もしていたのだが、不要であった。あとで知ったことなのだが、当時兄が嬬恋村から離れた市にある高校に進学して下宿生活を始めていたため、家計がなかなか厳しい状況だったようだ。そんな事情もあり、両親にとっても給料が支給される少工に私が進むというのは、実にありがたい状況だったらしい。そういうこともあって特に反対する理由もなく認めてくれたようなのだが、私は当然そのような事情に考えが及ばず、ただ少工の受験を止められずに済んだことに安心したのだった。

受験することを認めてもらえたのだから、あとは頑張って見事合格するだけだ。しかし少工は、私が受験することになる年の入試から、定員が５００人から２５０人に半減する。ただでさえ全国から受験生が詰めかけるためこれまで15倍前後だった入試倍率がもっと高くなるだろう。今の成績のままでは合格は難しい。学年で１、２番になるぐらいまで成績を上げなければ。それまで日課のように行っていた野球の自主練は取りやめ、放課後は自習の時間に充てることにした。面白いもので、明確な目標ができるとそれまで実が入らなかった勉強も集中できる。成績もそれに伴い上昇し、受験を控えた中学３年の年末頃には、学年で２番にまで成績が上がり、無事合格することができた。

当初受験するつもりだった野球強豪校の前橋工業高校は、願書は出していたものの結局受験しなかった。少工は通常の高校入試より早い時期に入試が行われるため、先に少工に合格してしまったからだ。少工に合格した時点で、すでに前橋工業高校の入試を受けるつもりはなかった。「嬬恋村を出て、親元を離れて生活できる」という現実の前には、幼い頃からの「プロ野球選手になる」という夢はいともたやすく吹き飛ばされることになった。

こうして無事に入校した少工では、陸上自衛官として入校と同時に「3等陸士」という、ここの生徒にしかない最下位の階級からスタートする。そして高校卒業の資格も得られるように神奈川県立湘南高校の通信制にも同時に入学することになる。少工にも一般的な高校と同じようにクラブ活動があり、通信制の高校の大会には参加することができる。全員何かの運動部に所属しなければならなかったので、当然、野球部という選択肢もあったが、入校当時は野球どころではなかった。

少工に入校した後は一般的な高校のクラスのようなものである「区隊」に分けられ、区隊別に授業や訓練を受けていくことになる。私は第三教育隊第七区隊に所属することになったのだが、私はそこのクラス委員長のようなものである「区隊委員長」を命ぜられてしまった。こうなると、クラブ活動どころではない。日々の生活そのものに追われているのにリーダーの任務も行わなければいけないので、真面目にスポーツに取り組む余裕などはなかった。私はとりあえず陸上部に入部し、お茶を濁すことにした。陸上は好きでも嫌いでもなかったが、日々の忙しさに振り回されていて、真剣に取り組むことなどできない。ただ「陸上自衛官として、きちんとしなければ」という思いだけで、野球のことを思い出すこともなく、ただ忙しさに追われる日々が過ぎていった。

忙しさに振り回されている間は、何かを思い出したり、自分の現状に疑問を抱いたりというようなことはない。怖いのは、ふと余裕ができた瞬間だ。私にとっては、少工に入校して初めての夏休みから戻ってからがそれに当たった。


少工の夏休みは、約2週間。外出したり帰省したりといったことも許可されるのだが、制服は着用しておかなければならない。私は制服を着て嬬恋村に帰った。4カ月ぶりに自衛官になったまだ16歳の男の子が地元に帰ってくるとあって、両親や兄弟だけではなく、親戚の人たちみんなが集まって出迎えてくれた。見慣れた人たちではあったが、入校前とは私を見る目が違っていた。

「何となくみんなの見る目が違うような気がするんだけど」

実家に着いた後、母に聞いてみた。

「そりゃそうよ。他の子たちはみんな普通に高校に通っているのに、あんたは高校生でもありながら自衛官でもあるんだよ。しかも、そんな服まで着ているんだから、そりゃ立派

入校時 父親との記念写真

3教7区隊 集合写真

になったと思って見る目も変わるわよ」

そう答えた母も、どこか嬉しそうだった。息子を周囲から褒められると、当然悪い気はしないのだろう。

迷い、そしてレスリングとの出合い

夏休みが終わり、2学期になると生活も落ち着いてきた。しかし、少し生活が落ち着いてきた頃が危ない。元々、給料をもらいながら親元を離れて生活できるという、言ってしまえば軽い気持ちでの入学だった。夏休み前までは「普通の高校生とは違う」という自負心で気を張って生活できていた。しかし、よく考えると、同学年250人が同じように共同生活をしている。別に私だけ特別な何かをしているわけではない。普通の高校生ではないという自負心もいつしか薄まり、別に他の高校生とそんなに変わらないんじゃないだろうか、という思いが心の中を支配しつつあった。そうなると、少工にいる意味も、忙しさに耐える理由も見えなくなってきてしまった。

「なぜ少工に入校してしまったんだろう」

「他のみんなは高校で甲子園を目指しているのかな」

こんな考えばかりが頭の中をよぎる。そうなってくると、一度は捨てたはずの「プロ野球選手」への夢まで甦ってくる。

「少工に入ったのは間違いだった。プロ野球選手になる夢を追いかけるべきだった」

「ここを退学してもう一度高校を受験し直して、野球をした方がいいんじゃないか」

ついにそんな考えまで浮かぶようになり、少工で行われるすべてに手がつかなくなってきていた。

「なぜ俺はここにいるんだろう」

「なぜ俺は野球をしていないんだろう」

ただひたすらそんなことばかりを考え、思い詰めていく日々が続いた。

こんな暗い気持ちで過ごす日々の中で、声をかけてくれる人がいた。区隊の服部秀雄助教だ。区隊には一般の高校でいう担任教諭に当たる区隊長が一人と、その補佐を行う助教が二人、各区隊に割り当てられている。区隊長は一尉クラスの幹部自衛官が、助教は陸曹クラスの自衛官が任命される。服部助教は私の区隊の担当だった。元はレスリングの有望選手だったが怪我で断念し、その後始めたカヌーで持ち前の身体能力とガッツで日本代表として世界選手権に出場するまで上り詰めた人だ。服部助教は年齢もまだ30才と若く、私たちの入校と同時に少工の助教に着任したばかりだったが、上官としてすぐに区隊みんなの信頼を得ていた。そしてレスリング部の監督も務めていた。

「元気か、悩みはないか？」

顔を合わす度に服部助教はこう声をかけてくれた。おそらく余程思い詰めた表情だったのだろう。

しかし私はもはや本当に辞めようと思い始めていた。

ただ条件反射のように返すだけだったが、全然大丈夫ではなかった。ただ「辞める」ということだけを考え、日々を過ごしていた。何の目標もなく、夢もなく、目の前の光景が灰色に見えるような気分の中、ただ毎日が過ぎていた。

「いえ、大丈夫です」

もう嫌だ。そのような気持ちが風船のように膨らみ、張り詰め、今にも破裂しそうだったある日、服部助教に打ち明けた。

「少工を辞めようと思います。別の高校を受け直して、野球をやりたいんです」

黙って聞いていた服部助教は、開口一番思いがけないことを言った。

「山よ、お前はレスリングをやれ。そしてオリンピックで金メダルを目指せ」

これには面食らった。レスリングにこれまで興味を持ったこともなければ当然やったこともなく、ルールさえよく知らなかったので、まったくピンとこなかった。しかし、服部助教の言葉は、何の目標も夢もなかった日々に差し込んだ一筋の光のように思えた。

冷静に考えてみると、自分自身が本当に今から高校受験をし直して、本当に野球をやりたいのかというと、それはただ現状から逃げたいために野球をダシにしているようにも思えてきた。野球は少工に入学した時点で諦めたはず。今目標が見つからず苦しんでいるから、過去にすがっているだけじゃないのだろうか。そんな気持ちで本当に再受験して野球強豪校に行ったところで、うまくいくのだろうか。今の環境の中で、ベストを尽くすべきなのではないだろうか。

そこまで考えた後、もう一度服部助教の言葉を思い返してみた。こんなに自分のことを考えてくれる人が他にいるのか。何とかしてこの人の想いに応える。それが筋だ。自分がやるべきは、野球ではない。そう思った。

私は陸上部からレスリング部に移り、服部助教の指導の下、オリンピックを目指すことを決めた。

やると決めたら集中してエネルギーを注ぎ込めるのが、私のいいところだ。行動力には自信がある。思えば少工の入試の時も、半年余りの期間に集中して勉強し、成績を上げて合格を勝ち取った。今回も同じようにすればいいだけだ。早速服部助教とも話し合い、トレーニングメニューを決めた。

少工では、一日のスケジュールが細かく決められている。

6時の起床ラッパで起きると直ぐに屋外へ集合して点呼、その後は1キロ弱の集団走から隊舎脇の鉄棒で懸垂をして部屋へ戻りベッドを整える。ベッドは使った4枚の毛布やシーツをたたむのだが、毛布は折り目だけではなく端の方もきちんと揃うようにしなければならない。朝食に出ている間に部屋付きの先輩がベッドをチェック、たたみ方が悪いと容赦なく全部を崩されてやり直しだ。国旗掲揚が8時で課業開始となるが、その前には集合して朝礼などを行なうため、朝は慌ただしい。17時までの課業は8コマの時間割で、普通高校の一般的な授業と自衛隊の専門教育を受ける。部活動は概《おおむ》ね8時限目の16時くらいから始まるのだが、多くの生徒は課業修了後も練習を続けるため、自習開始までの自由時間は1時間程度しかない。この間に夕食、入浴、ベッドメイクを済ませるのだが、ベッドメイクは毛布のしわがあったり、角が丸まっていたりすると自習中に当直の先輩がチェックして盛大にひっくり返す。早く上級生になりたいと同期のみんなが思っていた。

こんな生活の中で、レスリングで強くなるためには自分の時間をいかに使うかだと私は考えていた。起床から課業開始までの15分間、昼食時の15分間、自習時間終了から消灯までの15分間という細切れの時間を自主トレーニングに使うことにした。屋上やベッド脇でスクワットや腕立て伏せ、ダンベルなど、自分一人でできる補強練習を徹底して行った。これでクラブ活動中はレスリング技術の習得に割り当てられる。

レスリングには2種類あって、簡単に言うと下半身を使っての攻撃や防御が認められているフリースタイルと、上半身のみの攻防になるグレコローマンスタイルの2種類。私はグレコローマンスタイルの方に力を注いだ。グレコローマンスタイルは上半身のみで投げ合い、抑え込み合うため、テクニックと共に強い筋力が必要になる。筋力強化は自主練で取り組み、レスリング技術をクラブ活動中に学ぶことで効率的に強くなれるという算段だった。結果的に、これがうまくいった。レスリング初心者だった私だが、始めて半年くらいで試合にも勝てるようになってきた。

ただ、試合に勝てるようになったから、レスリングが好きになってきたかと言えば、そんなことはなかった。練習も、きつい。レスリングはルールが頻繁に変わるため一概には言えないが、この時は1ラウンドが3分間で2ラウンドを戦うルールだった。1試合は6分だけだが、動きは見た目以上にハードで息が上がり、勝ち上がるためにはスタミナも必要だ。スタミナをつけるためには、練習しかない。クラブ活動の時間は少工のスケジュールに沿って行われるのでそれほど長い練習時間ではないが、タックルやスパーリングなど相手が必要な練習をみっちりこなすと、1時間程度でもへとへとになる。ましてや趣味でやっているのではなく「いずれはオリンピックを目指す」という壮大な目標を掲げてやっているので、指導も厳しい。気を抜くと一喝される。好きなわけではない競技を続けるには過酷な状況のようにも思えるが、不思議と私には心地よかった。

ダイヤモンドと石ころ

そんな日々の中で、服部助教からある言葉を投げかけられた。

「ダイヤモンドと石ころってあるんだよ」

どういうことだろう。よく聞いてみると、ダイヤモンドと石ころというのは、生まれ持って決まっている。ダイヤモンドは素晴らしい輝きを放ち、石ころはどこまで行ってもしょせん石ころで、ダイヤモンドにはなれないということだった。結局、石ころはどれだけ練習しても石ころなのだったら、練習する意味などないではないか。やや落ち込んでいると、服部助教は続けた。

「レスリングを志す以上、金メダルを取ることがダイヤモンドだと証明することだ。しかし大事なのは、お前がダイヤモンドなのか石ころなのかは、誰にも分からない。指導者にも分からないんだ。だから、磨くという行為が大切なんだ」

ようやく服部助教が言わんとすることが分かった。自分がダイヤモンドであると信じて努力をするプロセスこそ大切なのだ。腐りそうだった自分に目標を与えてくれた服部助教の言葉はいつも私を励まし、練習に打ち込むことができた。もちろん少工の訓練も並行してこなしていかなければならなかったので、なかなか大変ではあったのだが。

レスリングに打ち込み始めてからは野球のことを思い出すこともなくなり、レスリングを中心に生活を送ったわけだが、怪我も多く、2年生の3学期には練習中に左鎖骨を骨折してしまった。それでもたすき掛けのギブスを着けたままスクワットだけをただひたすら続けていた。3年生に上がると県大会を順調に勝ち上がり、インターハイへはフリースタイル75《キロ》以上級で出場した。この大会はフリースタイルのみで、階級も75《キロ》から上は一括《くく》りで、私は体重不足もあり、2回戦で敗退した。

この大会後から私は次の国体へ向け、本格的にグレコローマンスタイルへ転向した。

国体 レスリング少年の部 81kg 級決勝戦

レスリング部集合写真 ※前列中央が服部助教

フリースタイルでは対戦相手の下半身を狙い、地面すれすれのような低いタックルを繰り出す試合展開になることが多いのだが、グレコローマンスタイルは少し違う。下半身への攻撃ができないため、どちらかと言うと相撲や柔道のように、対戦相手と立った状態でがっちり組み合うことになる。その後相手の首と脇下に両腕を回してクラッチし、投げることになるのだが、高校生レベルだと大体の選手が左右のどちらかの方向にしか投げることができない。しかし私は、クラッチした後は左右どちらにでも相手を投げることができた。これができると、高校生レベルの試合ではかなり有利に試合を進めることができる。私にはグレコローマンスタイルの方が向いていた。

１９８１年秋に滋賀県で行われた国体の少年の部で、私はレスリング男子グレコローマンスタイル81キロ級に神奈川県代表として出場し、優勝するまでに成長していた。レスリング部は定時制通信制の大会ではなく、一般的な全日制の大会へ出場していて、学校としては全国優勝することは創立以来初の快挙だったらしく、服部助教も喜んでくれた。

「レスリングを始めてよかった」

服部助教の笑顔を見ると、心からそう思えた。しかし、ここがゴールではない。服部助教から与えられた目標は、レスリングでオリンピックに出ること。そして金メダルを取ること。まだ私がダイヤモンドであると証明できたとは全然言えない。むしろようやくスタートラインに立ったようなものだ。

服部助教はそんな私の心を読むかのように、こう言った。

「山よ、来年からは自衛隊の体育学校に入校して本格的な練習を始めるぞ」

オリンピックを目指し自衛隊体育学校へ

少工は3年訓練を受けた後、卒業するのだが、それは前期教育が終わったということであり、卒業後は通信や武器、航空といった職種ごとの学校に入校し、半年程度の中期教育を受けることになる。その後また半年程度、実際に配属される予定の部隊で後期教育を受けたところでようやく4年の教育課程を終えたこととなり、3等陸曹に任命される。私は道路や橋の造営や修復を担当する陸上自衛隊施設学校に進むことになっていた。

一方、自衛隊体育学校は、自衛隊の訓練手法や戦闘能力といった、自衛隊の骨幹となる隊員の身体能力について調査、研究を行う機関であり、オリンピックを目指すアスリートや優秀な指導者が揃う機関でもある。ここの特別体育課程、通称「特体」に入れば一般の自衛官の任務である災害派遣や演習訓練がすべて免除され、競技にだけ集中できる環境を手に入れることができる。服部助教は、ここに私を送り込んで、よりレベルの高い環境で鍛え、オリンピックに出場させようというのだ。私もその方針に異論はなかった。

もちろん少年の部とはいえ国体で優勝したのだから、いわゆるレスリングの強豪とされるいくつかの大学から声もかかった。自分が認められたようで、悪い気はしない。しかし私は自衛官で、自衛隊体育学校という最高の環境が身近にある。

前期課程が終わる頃には自衛隊体育学校へ進むことは決まっていたので、特例ということで中期と後期課程を免除してほしかったが、制度は曲げられない。結果的には1年間をレスリングのない環境で過ごすことになった。後期課程では茨城県の古河駐屯地に配属されたが、椎間板ヘルニアの症状が出てしまい1カ月ほど入院した。しかし、私の心はまったく折れなかった。入院中も自主的に病院の屋上で治療の妨げにならない部位のトレーニングは続けた。

施設学校訓練風景

自衛隊体育学校に入ると、目と鼻の先に迫った１９８４年のロサンゼルスオリンピックを目指す先輩たちもいる。当時私の体重は90キロ程度。これを１００キロ以上まで増やし、いずれは１００キロ級でオリンピックに出場する、という絵を描いていた。

しかし、この「体重を増やす」という目標が、私を思いもよらぬ方向に導いていくことになるとは、この時は知る由もなかった。

自衛隊体育学校には82キロ級と90キロ級でオリンピックを目指す先輩もいたので、練習ではよく胸を借りた。初めて組み合った時は驚いた。重くて、まるで厚い壁にぶつかるようだ。ビクともしない。初めての感覚だった。体重差があっても、力の使い方、腰の入れ方など、高校生レベルの技術とは格段の差があることを思い知らされた。私の力では１９８４年のロサンゼルスオリンピック出場はまず無理、体重と技術をしっかり身に付けた後、１９８８年のソウルオリンピックを狙うしかないという思いを強くした。

ただ、日々の練習をこなしながら、体重も増やすというのはなかなか難しい。まずハードなトレーニングの後というのは、食欲が湧かない。当然食べなければ筋肉も落ちて体重を増やすどころではなくなってしまうので、無理やりにでも食べる。しかしどうしても体重が増えない。１００キロ級でのオリンピック出場を狙っていたので、大会に出場する時に体重が満たなくても重量級にエントリーする。国内トップレベルの先輩の胸を借り、競技にだけ集中して日々トレーニングを積んでいるので、ある程度のところまでは勝ち上がれる。だが、狙っている階級のトップ選手には敵《かな》わなかった。

　自衛隊体育学校に入校して半年。目標と定めたソウルオリンピックは5年後で、技術を習得するための時間はまだ残っている。焦りはなかったが、体重差はできるだけ早く埋めたい。どうしたらよいかと悩んでいるうちに、１９８３年の暮れが近づいてきた。そんなある日、自衛隊体育学校のコーチから声をかけられた。

「山崎、相撲部屋へ合宿に行ってこい。相撲の体の使い方はグレコに似ている。体重の増やし方も学べるし、一石二鳥だろ」

　人生には思いも寄らない出会いが待ち構えていることがある。少工もそうだったし、この時の相撲もそうだ。この相撲部屋での合宿がきっかけで、私の人生がまた大きく変わることになった。

Note

「培われた克己心」

第1章では、私がアスリートとして最初に取り組んだレスリングと、次に取り組むことになる大相撲との出合いまでを紹介しました。

レスリングでは18歳の時に国体少年の部で優勝、自衛隊体育学校にはオリンピック出場の指標となる先輩も複数いて、確かなレールの上に乗っていました。恐らくこのままレスリングを続けていれば、私はソウルオリンピックに出場することはできていたのではないかと思っています。しかし第2章で詳しく述べますが、そうはしませんでした。新たに出合った「大相撲」の世界へ方向転換することになるのです。

これだけ聞くと、少工での訓練やレスリングでの競技生活は私の人生にとっては回り道に過ぎなかったような印象を与えてしまうかもしれませんが、そうではありません。むしろ、これらはその後の人生の基盤となっています。

多くの人は、自衛隊と聞くと、「軍隊教育」といったネガティブなイメージを持ってい

富士野営訓練　※後列センターが著者

観閲式の行進　※前列左から２番目が著者

るのではないかと思います。確かに訓練は厳しいのですが、かつてスポーツ強豪校の指導でよく見られた理不尽かつ無意味な体罰というようなことは、少工では行っていませんでした。少工のみならず自衛隊全体において言えることだと思うのですが、訓練は強制ではなく「克己《こっき》」という点にフォーカスされていたからです。

例えば「腕立て伏せを１０００回やれ！」というような無茶な訓練を強制することは、自衛隊の活動という観点から見ると意味がないということが分かっているからなのです。目的を果たすためには自衛隊で言えば隊員、スポーツで言えば選手を管理して何かを強制するのではなく、適材を適所に配置し、最大限の成果が得られるように個別に指導していく、というアプローチが必要になるからです。

自衛隊と聞くとついつい「軍隊」という前時代的な根性論がまかり通っているように思いますが、実は非常に科学的なのです。

陸上自衛隊の花形といわれるレンジャー部隊の訓練も、実は志願制となっています。自分で自分の限界を見定めながら、それをクリアしていくことには強い意志が必要なのですが、それこそが自衛隊における訓練の根幹なのです。

もちろん、少工出身者は若くして年上の隊員を指揮する立場となりますので、リーダーとして、そのストレスへの耐性を身に付けるという点や、組織の規律を守ることの大切さを学ぶという点で、日常生活では徹底的に連帯責任の考えが用いられていました。これも社会に出て組織で仕事を行う際に非常に役立っています。後にボブスレー日本代表チームのコーチや監督として選手を指導したり、女子長距離選手の育成や企業研修を行う際にも、この考え方が基となっています。

このように、少工での経験は私にその後の人生における大きなヒントを与えてくれるものでした。また、同じ釜の飯を食べた同期内での連帯感は非常に強く、今も定期的に同窓会が行われ、その後、自衛隊でエリートコースを進んだ者も私のようにドロップアウトした者もみんな集まって、あの厳しくも楽しかった頃を懐かしんでいます。

私は多くの同期とは異なり、レスリングを始めたことにより自衛官としてではなくアスリートとしてその後の人生を歩んでいくことになるのですが、この学校で「克己心」が培われたという意味では他の同期と変わりません。少工のレスリング部監督で、私の恩師である服部助教もまた、自衛隊での訓練法を骨の髄まで叩きこまれている人だからです。

服部助教から与えられる目標や日々のトレーニングメニューは非常に厳しいものでしたが、決して理不尽ではありませんでした。オリンピックで金メダルをとるという高い目標を達成するために考え抜かれた、実に理にかなったものでした。

私にとってレスリングは服部助教から与えられた目標であって、自分から望んで始めた競技ではありませんでした。もしそれが理不尽なものだったら、長く続けられるはずもないのです。10代のうちに服部助教と出会い、その指導を受けられたことは私にとってかけがえのない財産になっています。


しかし、レスリングでの目標は、私にとってはやはり与えられた目標以上にはならないものでした。「大相撲」との出合いで、それに気付いたのです。

この「出合い」や「自分で見つけた目標」については後の章でも詳しく述べたいのですが、まずは相撲と出合ってからの私の行動を振り返りたいと思います。

2章

憧れの大相撲へ

関取を目指すはずが……

大相撲の世界に触れられるという高揚感

子供の頃、夕方の楽しみと言えば大相撲のテレビ中継を見ることだった。見始めたきっかけはよく覚えていない。恐らく、日曜日の夕方に父が見ているのを一緒になって見ていたのがきっかけだろう。小学生の頃、放課後は校庭でソフトボールの練習を行い、茜色《あかねいろ》に染まった夕暮れの中帰宅すると、ちょうど幕内の力士たちの取組が始まる頃なので、テレビにかじりつくように見入る。それが私の小学生時代の日常だった。

大相撲中継が行われている時間帯は、まだプロ野球のナイター中継が始まる前。大相撲を見てからプロ野球のナイターを見る。それが何よりの楽しみだった。当時は北の湖や輪島といった名横綱の全盛期。わずか10秒足らずの間に力と技を出し尽くし、勝敗が決まる。その頃は子供だったので言葉にはできなかったが、恐らく日本人の「美意識」のようなものを相撲の取組に感じていたのだろう。大相撲は、私にとってプロ野球と並んで好きなものだった。

しかし私にとって野球は、自分でプレーするものだった。自分は必ずプロ野球選手になれると信じて、練習に打ち込んでいた。野球強豪校への進学を取りやめ、結局は消えてしまった夢ではあるが、野球は見るものではなくするもの、という意識を持っていた。

一方、相撲は違った。当然小学生にとって相撲は身近な遊びだ。授業の合間や放課後に友人たちと集まって相撲を取るということはよくあった。しかし、それはあくまで遊びであり、競技としての相撲を自分でやるなんてことは考えたこともなかった。

だから、自衛隊体育学校で相撲部屋への合宿を命じられた時は、憧れの対象でしかなかった相撲を自分で実際に体験することができるという関心の方が大きかった。

「相撲部屋ってどんな雰囲気で、どんな稽古をしているのだろう」

もちろん、

「相撲部屋は若手に対するシゴキのような稽古もあるというが、大丈夫だろうか」

「あの大きさの力士たちとぶつかり稽古をしたら自分は怪我するんじゃないか」

こういった後ろ向きな感情もあるにはあった。しかしそれ以上に、相撲の世界に触れられるという高揚感が上回っていた。

自衛隊体育学校があるのは、陸上自衛隊朝霞《あさか》駐屯地内。東京都練馬区と埼玉県朝霞市、和光市、新座市の4市区にまたがる施設の中にある。体育学校レスリング班の隊舎は8人部屋で、私と同じ部屋にはロサンゼルスオリンピックにレスリンググレコローマンスタイル52キロ級で出場し金メダルを、さらに4年後のソウルオリンピックでも銀メダルを獲得することになる宮原厚次さんがいた。レスリング班には宮原さん以外にもオリンピックや世界選手権に出場する錚々《そうそう》たる面々が揃っていた。

自衛隊体育学校での練習は午前と午後の2回に分けて行われる。朝の8時30分から11時頃までは、陸上での走り込みや筋力トレーニングといった、瞬発力や持久力を養う練習を行う。午後は3時から3時間程度、道場での練習。こちらはスパーリングなど実戦練習がメインとなる。私の自衛隊での身分は少工出身なので3等陸曹、班長が務められる階級なのだが、体育学校ではまったく関係ない。1年生として、練習の合間に洗濯や道場の掃除といった、一番下っ端の仕事もこなさなければならなかった。

「なあに、相撲部屋といっても、自衛隊体育学校の厳しさとそんなに変わることはないだろう。自分が相撲でどれだけ通用するのか楽しみだ」

合宿の日が近づくにつれ、このように考えるようになっていた。やはり、私は生まれつき楽観的にできているのだろう。

合宿に向かうのは、1981年に現役を引退した親方がちょうど1年前に独立して、埼玉県川口市に部屋開きした新しい相撲部屋だ。親方と自衛隊体育学校のレスリングコーチとが同じ出身地であったことから、親方の後援会がきっかけで知り合い、私の合宿の話が持ち上がって実現したそうだ。相撲部屋は自衛隊体育学校からも近く、通えなくもない距離だったのだが、私は合宿中の1カ月間、住み込みで他の弟子たちと一緒に生活することになっていた。

聞くところによると、弟子たちは6、7人で、全員私より年下らしい。番付も横綱や大関はもちろん、幕内や十両といった関取は誰もおらず、最上位で序二段らしい。これなら理不尽なシゴキや人間関係に悩むこともなく、体の使い方を覚え、そして体を大きくするという自分の目標に集中できるだろう。少し安堵《あんど》の気持ちを覚えながら、1983年の終わりに近い12月中旬、荷物を抱えて相撲部屋へと向かった。

知らないことだらけの相撲部屋での生活

「よく来たね、話は聞いているよ。今日から1カ月間、よろしく」

挨拶を交わした親方は、紳士的という印象だった。身長は私とほぼ同じか、やや高いぐらい。体重も現役時代は１３０キロを超えていたそうだが、引退後よほど節制したのか、すでに１００キロは切っているように見えた。いつも１００キロ、１００キロ超級のレスリング選手を見慣れている私にとってはそれほど大きく感じなかった。さらによくよく考えると、親方も「レスリングのオリンピック候補選手」として合宿を受け入れている。威圧感を出すことなく、「お客さん」として対応してくれているのがよく伝わってきた。

「よろしくお願いします。皆さんとの稽古の中で、体の使い方や体重の増やし方を覚えて帰りたいと思います」

力強く返事をした。身になる合宿になりそう、そんな予感がしていた。

相撲部屋は3階建ての建物で、稽古場が1階にあり、２階の大部屋で弟子たちが全員で食事をし、寝る時は布団を広げて雑魚寝《ざこね》をするという生活をしていた。弟子たちも聞いていた通り両手で数えられる程度の人数で、みんな10代の若者たち。プロの世界だから相応の厳しさはあるものの、どこか家庭的な温かさもあるように感じた。

「今日から1カ月間お世話になる山﨑です。よろしくお願いします」

「こちらこそよろしくお願いします」

2階に上がり、兄弟子となる若手力士たちに挨拶すると、元気な声が返ってきた。これは有意義な1カ月が過ごせそうだ。

夕方、早速親方や弟子たちと「ちゃんこ」を囲んだ。この日は鍋だった。部屋には、親方をサポートする世話役兼マネージャー兼コーチのような、長谷川政枝さんがいた。「ちゃんこ」はこの長谷川さんと弟子たちが調理する。できあがったものは、親方、弟子たち全員で2階の部屋で座卓を囲んで食べる。

「ちゃんこ鍋を食べるのは初めてです」

「世間の人は『ちゃんこ鍋』とよく言うけど、実は誤解があるんだよ」

長谷川さんからすぐに訂正された。「ちゃんこ」は必ずしも鍋を指すものではなく、力士が作る料理全般はすべて「ちゃんこ」と呼ぶそうだ。鍋が多いので「ちゃんこ鍋」という言葉が広まっているのだという。料理を担当している古株の力士が父親代わりで「ちゃん」と呼んでいたことが「ちゃんこ」という言葉の由来の一つだとも教えてもらった。

相撲はテレビでよく見ていたので知ったつもりになっていたが、やはり実際に相撲部屋の中に入ると、知らないことが多かった。特に驚いたのが、取り皿というものがないことだ。鍋もご飯もお茶やビールもすべて、丼《どんぶり》によそって飲み、食べる。床にあぐらをかいて座るので、テーブルも通常のものではなく、脚が極端に短い、背の低い座卓を使う。やはりテレビで中継を見ているのとはひと味違う。実際に相撲部屋で生活しているのだと実感できた。食事は朝稽古が終わった後と夕方の一日二食。その代わり、一食一食の量が多い。体を大きくするには、回数を減らしてドカ食いする方が向いているのだろう。

自衛隊体育学校のコーチはこの「ちゃんこ」も一緒に体験できるように、1年生では異例中の異例だという住み込みでの合宿を計画してくれたのだ。元来食が太くない私だが、これを毎日食べていたら体重も増えてくるだろう。

翌朝から、早速稽古に参加することになった。相撲部屋の朝は早い。5時半までには稽古場に降り、まずは他の弟子たちと一緒に掃除をし、四股《しこ》を踏み、柱に向かって突っ張りを繰り返す「鉄砲」や足の運びで基本となる「すり足」と呼ばれる稽古を行う。身体が温まってくると柔軟性を増して怪我を防止するために座って足を開脚する『股割り』。その後は、「申し合い」という勝ち残りの取組稽古が続き、最後は相手に胸を出してもらって頭からぶつかって押し込む「ぶつかり稽古」という流れだ。

本格的な運動をしていない人ならついていけない内容だろうが、私はレスリングの練習を経験しているため、それほど苦労なく初日からついていくことができた。

課題だった体の使い方だが、確かにレスリングでの体の使い方に似ていた。腕を相手の脇に差し込み、肘《ひじ》を上げて相手の体を起こすというのは、まったくレスリングと同じだった。兄弟子たちは全員若く、最高位は序二段。十両以上の関取はもちろん、幕下や三段目の力士もまだ誰もいないという状況だった。そのためみんなまだ体づくりの段階で、私より体重はあるものの、体力のある力士はいなかった。申し合いはレスリングのスパーリングと同じで実戦形式なのだが、素人の私でもまわしを掴めば勝ち残れるような状況だった。

レスリングと相撲とでは体の使い方で似ている部分があり、意味ある出稽古と言えたのだが、それ以上に私を驚かせたのは力士の生活だった。

自衛隊体育学校では午前、午後で2回の練習があり、それ以外も掃除や洗濯などで忙しく動き回らなくてはならず、夜になってようやく一息つける、という生活だった。しかし相撲部屋では、朝稽古の時間こそ早いものの、稽古が終わりちゃんこを食べた後、夕方のちゃんこの時間までは特に何もしない。みんな大体昼寝しているか、コンビニへ行ったりゲームセンターに行ったりと、のんびり過ごす。そして夕方にまたちゃんこを食べ、その後もウエイトトレーニングを行うことはあるにせよ、稽古場に降りることはない。兄弟子の身の回りの世話をすることもあるようだが、この部屋はまだ大所帯でもないため、そこまで大変そうではなかった。みんなのんびり過ごしているように見えた。

考えてみると、このぐらいゆったりした生活でなければ、力士の100キ《キ》ロ《ロ》をゆうに超えるあの体は作れないのかもしれない。日々の練習に加え、先輩の小間使いとして走り回らなければならなかった自衛隊体育学校の生活では、なかなか体重が増えなかったのも当然だろう。新たな発見だった。

合宿は順調に進み、年を越して1984年を迎えた。あと少しで1カ月間の合宿も終わる。私は自衛隊体育学校の生活に戻る日が近づくにつれ、相撲への情熱が高まっていくのを感じていた。大相撲は幼い頃からの憧れ。これまでは競技として相撲に取り組むという発想がなかったため思いも寄らなかったが、実際に自分でやってみると、一瞬の勝負に懸けるという相撲の競技特性が自分に向いているとも思った。また、プロとして、自分の体一つで番付が上がっていけば金も名声も手に入れられるというのも魅力に感じた。

一方、自分が今取り組んでいるレスリングはどうだろうか。目標を見失っていた私に「オリンピックへ出場して金メダルをとる」という新たな目標を与えてくれた服部助教の気持ちにも応えるべく目標達成に向けては、これまで一心にやってきた。しかし、レスリングという競技自体を好きになってやっているかと聞かれると決してそうではない。

レスリングはたまには相手の両肩をマットに組み伏してフォール勝ちになることや一定のポイント差が付くことによってテクニカルフォール勝ちになり早めに勝敗が決まることもあるが、基本的には数分間全力で相手とポイントを奪い合う競技だ。プレイしている方はキツイ競技だが、観ている方は地味であまりおもしろくない。

そんな思いがレスリングに対してある中でふいに私の目の前に現れたのが大相撲だった。そうだ、私は元々プロ野球選手になりたかったのだ。プロの世界に身を投じたかったのだ。私がやりたいのはレスリングではなく大相撲だ。合宿が終わる頃には、そう考えるようになっていた。

自衛隊を辞め相撲部屋へ入門

気持ちが固まると私の行動は早い。少工を受験した時も、レスリングを始めた時もそうだった。今回も、早速相撲部屋に入門するべく行動を開始した。とは言っても、いきなり親方には話しにくい。まずは世話役の長谷川さんに、それとなく雑談中に聞いてみることにした。

「もし入れてくださいと言ったら、入門させてくれるんでしょうか?」

「そりゃ親方は喜ぶよ」

そう答えてくれた。親方は私が入門したいと言えば断ることはなさそうな雰囲気だ。しかし私は今、あくまでお客様。自衛隊体育学校から合宿に来ただけという立場なのだ。もし親方自ら私を勧誘するようなことがあれば、自衛隊体育学校のコーチとの間でもトラブルが起きてしまう。親方も私が入門したがっていることを長谷川さんから伝え聞いたようだったが、自分から勧誘してくることはなかった。

「本気か？」

ただ、意思の確認をされた。

「本気です」

「分かった、ただ体育学校の方はきちんとケジメをつけてこいよ。親にもちゃんと話してくるんだぞ」

親方はそう言ってくれた。これで私の心は決まった。

1カ月の合宿を終え、自衛隊体育学校に戻ってきた。しかし私のすべきことはレスリングの練習ではない。一刻も早く、私の決意を伝えることだ。私はすぐにレスリング班の監督へ報告に行った。

「すみません。大相撲の世界へ入りたくなりました。退職させてください」

監督の前ではただ頭を下げ続けた。

監督は天を仰ぎ、しばらく言葉を探していたが、決意の程が伝わったのか、

「なんでまた相撲なんだ？　お前の体だったら、プロレスへ行きたいっていう話ならまだ分からなくもないが……」

力なく場を和ませるように言いながら、最後は仕方がないと認めてくれた。


体育学校には意思を伝えた。次は、私にレスリングでの目標を与えてくれた服部助教にも伝えなくてはならない。恐らくがっかりされるだろう。少し気が重たくなったが、伝えないわけにはいかない。私は横須賀の少工まで服部助教に会いに行った。

「分かった。お前が決めたことなんだから最後までしっかりやれよ」

意外にも服部助教は私を責めることも失望した素振りを見せることもなく、こう励ましてくれた。

「ありがとうございます。必ず関取になります」

私も力強く返した。レスリングで服部助教が与えてくれた目標は果たせないままになってしまうが、私が目標を見失い彷徨《さまよ》っている時期に救ってもらった恩は一人前の関取になることで返す。相撲で十両以上に昇進して成功すると誓った。

そして最後に、両親にも報告しておかなければならない。これが服部助教への報告以上に気が重かった。家庭の経済事情もあったが、両親は自衛官のエリートコースともいえる少工への進学を大いに喜んでくれていた。近所の人たちに対しても鼻が高かったようだ。

しかし、自衛隊体育学校に入る頃から、雲行きが変わってきた。両親としては、せっかくエリートの道を進めるポジションにいたのに、なぜ体育学校へ入校し、自衛官としての役目に結びつかないレスリングの練習に明け暮れているのか理解できなかったらしい。それでも自衛官という身分は変わらないし、いずれは元通り自衛官としての本分である任務に戻っていくものだろうと考えていたようだった。しかし、相撲部屋への入門は違う。完全に自衛官を辞めることになる。

「絶対に反対するだろうな」

暗い気持ちになりながら、足取り重く嬬恋村の実家へと向かった。

「何を考えているんだ！」

両親に相撲部屋への入門を決めたと伝えるや否や、父親の怒鳴り声が響き渡った。

「部隊のリーダーとして活躍するために、少工へ行ったんじゃなかったのか！」

そう言われても、父親が言うような自衛官としての目標などは、16歳でレスリングを始めた時からおざなりになったままだ。しかしそこに反論していても話が進まない。私は簡潔に伝えることだけは伝えることにした。

「いや、俺は昔から体一つで勝負する世界で生きていきたかったんだよ。必ず相撲で一人前になるから大丈夫だよ」

「馬鹿野郎、ふざけるな。二度とうちの敷居をまたぐんじゃねえ！」

父親が切れた。しかしここまで言われては、私も引っ込みがつかない。

「分かったよ。二度と帰ってくるか、こんな家！」

売り言葉に買い言葉。話し合いは完全に決裂した。親方には両親にもちゃんと伝えるように言われていたが、恐らくその「伝える」には「理解してもらう」という意味も含まれていたように思う。しかし父親には「理解」はしてもらえなかった。少し困ったなとも思ったが、少なくとも伝えはしたのだから、親方から言われたことに反するようなことは何もしていない。第一、何と言われようが入門を取りやめるつもりもなかった。だから、何も問題ない。そう自分に言い聞かせながら、実家を後にした。

これで入門への障壁は何もなくなったのだが、だからと言って翌日からすぐに部屋に入る、という訳にもいかない。私は自衛官。国家公務員の立場だったので、きちんと手続きを踏んで退職しなければならなかった。

結局年度末も間近ということで、3月末の退職ということで話がついた。といっても3月末まできっちり勤務しなければならないわけでもなく、有給休暇を消化していい、ということだった。調べると、有給休暇を取得できるタイミングは、ちょうど3月の大阪場所が始まる頃で、合宿でお世話になった部屋の面々も全員大阪にいるという時期だった。

世話役の長谷川さんに相談して、大阪の宿舎で合流し、そこから一緒に生活を始めようということに決まった。1983年3月、私は自衛官を辞め、相撲部屋に入門するために自衛隊体育学校の隊舎を出て大阪へと向かった。

「よろしくお願いします。今日からお世話になります！」

「本当に来たんだね。期待の新人だ。こちらこそよろしく頼むよ」

大阪に着くと、早速部屋の宿舎に向かい、親方に元気よく挨拶した。親方も合宿中は自分から勧誘するということはなかったのだが、私がこうして自衛隊体育学校も辞めて入門する覚悟を見せたからには、歓迎してくれていて、また大きな期待も寄せてくれている様子だった。通常、入門したばかりの頃は兄弟子の身の回りの世話もしないとならないのだが、私だけはそれを免除されていた。一応レスリング界のホープだった私に、稽古に集中して一刻も早くこの部屋で初の関取になってほしいという親方の心遣いだったのだと思う。必ず十両に昇進して、関取になる。改めて誓った。

こうして相撲部屋に入門し、本格的な稽古を始めた。レスリングとは違い、好きで始めた競技なので、とにかく楽しかった。早く強くなるために、その日気付いたことや稽古内容をノートに書き留めることにした。とは言っても、別に新しく始めたことではない。私は少年時代にプロ野球選手を目指していた頃からマメなところがあり、練習メニューを日々書き留めておくことが日課になっていた。レスリングの時もそうだった。別に誰から強制されたわけでもない。こうしてノートに記録し続けることで、時にはサボりたくなる自分の心を律し、練習を継続できる。幼い頃から続けている私のスタイルだった。

大相撲デビュー、そして序の口優勝決定戦へ

早いもので、あっという間に五月場所を迎えることになった。その頃、突然両親が親方を訪ねてきた。勘当《かんどう》されたものだと思っていたので驚いたが、話を聞くと、地元の嬬恋村ではちょっとした騒ぎになっているらしい。嬬恋村は、いわゆる日本の田舎だ。当然、大相撲の本場所中はテレビ中継を楽しみにしている相撲ファンも多い。そんな中、地元の若者が大相撲に挑戦するというのは、ビッグニュースなのだという。中には、すでに後援会を作ると息巻いている人までいるのだとか。村内で入門の話が広まってしまったため、親としても「勘当した子なので関係ありません」と素知らぬフリを通すことが難しくなってきて、筋を通すためこうして親方に挨拶に来たのだという。

関取になるまで両親にも連絡しないつもりでいたので拍子抜けした部分もあったが、こうして嬬恋村でも応援してもらえるというのはありがたいことだ。また、相撲で成功しなければならない理由が一つ増えた。

私は五月場所が始まる前に新弟子検査を受けた。相撲部屋に入門すれば大相撲の土俵に上がれるわけではなく、日本相撲協会が行うこの検査に合格して、力士として土俵に上がることができるのだ。しかし特段恐れることはない。私は身長、体重ともに基準を大きく上回っていたので落ちることはなかった。

新弟子検査は簡単にパスすることができ、五月場所の前相撲で大相撲界にデビューすることになった。前相撲とは通常番付外の力士が取る相撲で、大相撲の番付で最下位である序ノ口の取組より前に行われる。本場所の正規の取組である「本割」には入らないため、公式記録としても残らない。さすがに初めて上る蔵前国技館の土俵には緊張したが、他の新弟子たちに負ける気はせず、簡単に勝つことができた。これで七月場所では、序ノ口として土俵に上がることになる。

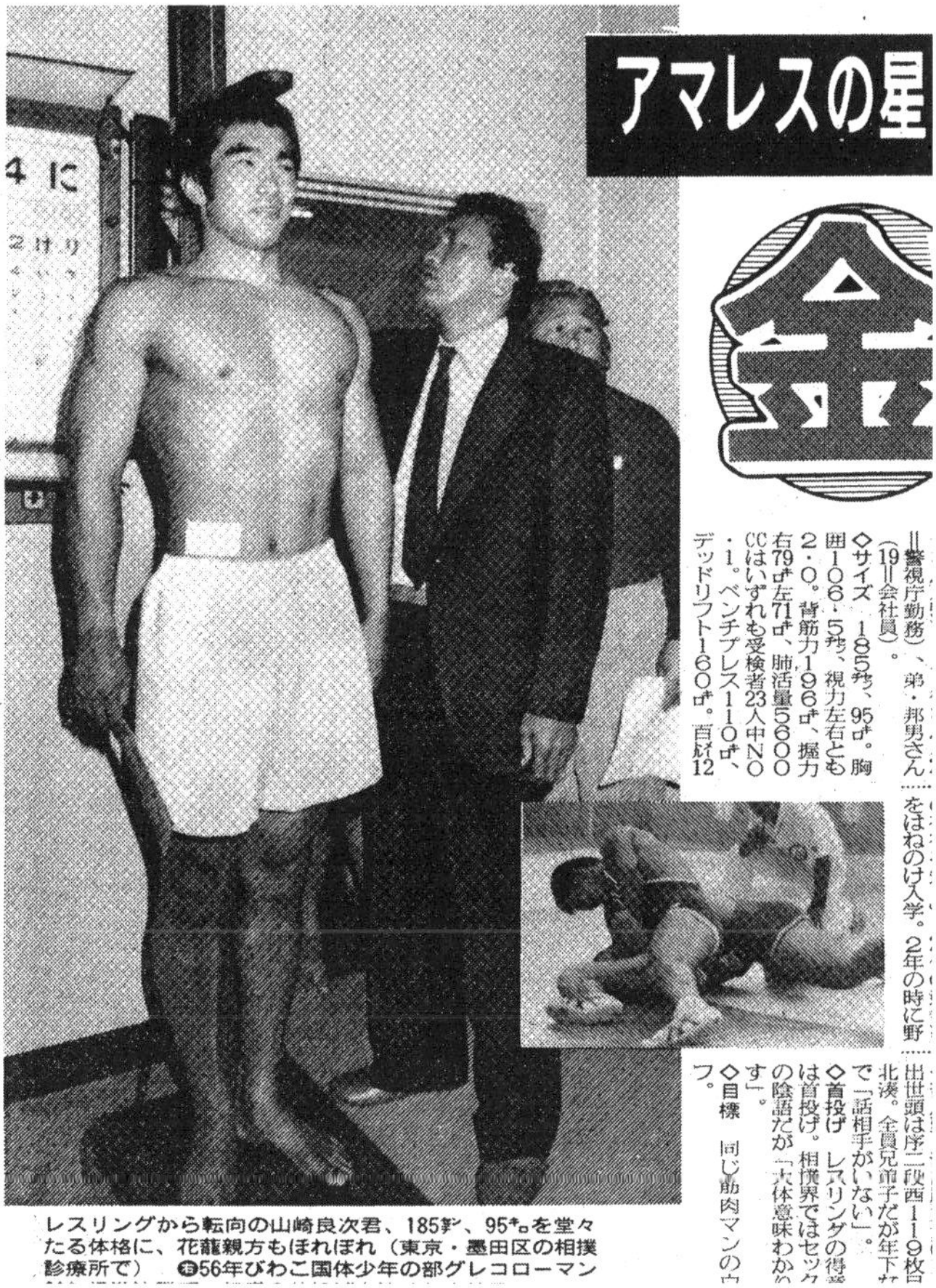

アマレスの星

金

＝警視庁勤務）、弟・邦男さん（19＝会社員）。
◇サイズ　185チセン、95キロ。胸囲106・5チセン、視力左右とも2・0。背筋力196キロ、握力右79キロ左71キロ、肺活量5600CCはいずれも受検者23人中NO・1。ベンチプレス110キロ、デッドリフト160キロ。百メ12

をはねのけ入学。2年の時に野

出世頭は序二段西119枚目北湊。全員兄弟子だが年下で「話相手がいない」。
◇首投げ　レスリングの得意は首投げ。相撲界ではセックの隠語だが「大体意味わかります」。
◇目標　同じ筋肉マンの

フ。

レスリングから転向の山崎良次君、185チセン、95キロを堂々たる体格に、花籠親方もほれぼれ（東京・墨田区の相撲診療所で）　㊨56年びわこ国体少年の部グレコローマン

日刊スポーツ 1984.5.3　新弟子検査

相撲部屋での生活は快適だった。朝稽古の始まる時間こそ6時前で早いが、9時頃には終わる。チャンコを食べた後は昼寝をして、夕方はウエイトトレーニングをするくらいで、自衛隊体育学校時代と比べるとよっぽどのんびりと過ごしていた。ましてや、私は特別扱いだったので、雑用に時間を割く必要もなかった。強くなるためだけに時間を使えたのだ。名古屋で行われる七月場所では、前相撲ではなく「本割」に初めて序ノ口の力士として挑み、7戦全勝という結果を残すことができた。

幕下以下の三段目、序二段、序の口の各段は15日間の本場所の中で7日間の本割が組まれ、各段の優勝者が決まるわけだが、同じ勝ち星の場合は関取と同じように優勝決定戦が行われる。しかも決定戦は十両の取組の後だから客席はほぼ満員に近くなっている時間帯だ。私は初めての場所でこの優勝決定戦を経験した。

相手の押ノ岩は幕下まで番付が上がっていたが怪我で休場が続き序の口まで番付を下げてしまった力士、明らかに本割で対戦した力士とは体型も技量も違う。行事の「待ったなし」で立ったはいいがすぐにがっぷり四つ、何もできないまま土俵際へ持っていかれる。仕方ないので回しを引き付けて、レスリングの反り投げを試みた。会場がどよめく。軍配は私へ。勝ったのか?

審判から物言いだ。審判長から「同体で取り直しとします」のアナウンス。会場が盛り上がる。取り直しの一番はまたしても同じ展開、何もできないままやっぱり最後は振り回すだけだ。今度は投げながら足が土俵の外へ出たのが自分でも分かった。

部屋に戻り親方へ報告する時に自然と悔し涙が出た。しかし、親方は笑って「相撲を何も知らないんだから気にするな」と言ってくれた。私の初めての場所は実に多くの経験をすることとなった。

私はさらにやる気を出して稽古に励んだ。

そして迎えた九月場所。今回も大きく勝ち越しを、と意気込んでいたのだが、番付が序二段の上の方まで上がったことにより、それなりに経験を積んだ力士との取組が増え、結果負け越してしまった。その日のノートにはこう記した。

「一から出直しだ」

そう、私はレスリングではそれなりの結果を残していたが、相撲の世界ではまだまだ新参者。もっともっと稽古が必要だ。今回の負け越しを機に、気合を入れ直して一から出直そう。福岡で行われる十一月場所ではしっかり勝ち越して、番付を上げていこう。体重も95キロくらいまで増えてきたが、年末までに１００キロまで増やして来年に備えよう。

そう心に誓って稽古に励み始めた。しかし、10月も終わりに近づいた頃、事態が変わってくる。あることが気になり始め、稽古に手が付かなくなってしまったのだ。

それは、親方の他の弟子たちに対する振る舞いだった。

私は一人の大人として、またレスリング経験者として特別待遇を受けていたので、親方から厳しい注意を受けるというようなことはなかった。しかし他の弟子たちは違う。中には中学を卒業したばかりで入門してきた10代半ばの若い弟子もいる。その弟子たちに対する態度が、少しばかり横柄なように感じてきたのだ。ある程度余裕が出てきて稽古中に周囲を見渡せるようになると、そのことが気になって仕方なくなってきた。

「こら、しっかり気合い入れてやれ！」

「そんなんじゃいつまで経っても勝てないぞ！」

稽古中にふがいない姿を見せたり、集中を欠いた姿を見せたりした弟子たちが、大声で怒鳴られたり、手に持った竹刀で小突かれたりしているのだ。確かに弟子たちの中には、まだ躾《しつけ》が必要な年齢の子供たちもいる。しかし、こんな高圧的なやり方じゃなくてもいいんじゃないだろうか。

私も少工という、体育会系どころかほとんど軍隊教育そのもののようなところで育った人間だ。厳しい教育というものには慣れている。しかし、少工での訓練は組織における規律の大切さを学ぶためのものだ。誰かのミスが部隊の全滅につながることもある。部隊では規律こそが自らの身を守る手段でもあるのだ。だからこそ、誰かがベッドメイク一つ失敗しただけで連帯責任として全員で屋上に上がり、腕立て伏せを命ぜられることにも意味があると思えた。

しかし、ここはそうではない。親方は実績もあって、言って聞かせることもできるはずなのに、必要以上に怒鳴り、怒っているだけじゃないのか……。度々こんなことを思っていると、あれだけキラキラ輝いて見えていた大相撲の世界だったが、夏の夕立前のような厚く黒い雲に覆われてきたように感じてきた。

心の中の靄《もや》、そして脱走

十一月場所に向け福岡に入っても状況は変わらなかった。一向に稽古に身が入らない。あれだけ熱心に毎日つけていた稽古の記録も、すっかり止めてしまっていた。ノートを開くと空白が目立つ。10月末以降は週に一度書いているかどうか、というような状況だった。書いていることも、決して前向きな言葉ではない。最後に書いたのも1週間前だ。ノートを開いてみた。

「何とかしたいけどきっかけがつかめない」

ただ一言だけ、書き殴っていた。その言葉の通り、このままではいけないことは分かっていた。しかし、心の中に靄《もや》がかかったような気持ちで、前にも後ろにも進めない。もはや自分ではどうすることもできなくなっていた。

十一月場所直前、福岡で稽古を行っている時だった。相変わらず稽古に身が入らず、ダラダラと稽古しながら「早く稽古が終わらないかな」と考えていると、親方が突然手に持った竹ぼうきで私の尻をバシッと叩いた。その瞬間、私は気づいてしまった。親方には、もはや中学を卒業してそのまま入門した子供たちと私が同レベルに見えていることに。

それまで、私だけは親方から怒鳴られたこともなければ、叩かれることもなかった。そんな親方が、ついに私の無気力ぶりを見かねて叩いたのだ。決して体罰というような激しい叩き方ではなかった。むしろ、「どうした。気合入れろよ」と優しく諭《さと》すような叩き方だった。当然、そんな叩かれ方だったので体に痛みはなかった。痛んだのは心の方だった。

「俺はそこまで堕ちてしまっていたのか……」

そして、決心した。

「辞めよう」


十一月場所は、当然のごとく勝ったり負けたりで4勝3敗というパッとしない結果に終わった。しかし、私にとってもはや勝ち負けはどうでもよかった。

十一月場所を終え、川口の部屋に戻る頃には気持ちの整理もついていた。しかし、わざわざ自衛隊体育学校を辞めて一大決心の末に押しかけて入門した部屋だ。あれからまだ1年も経っていない。親方に辞意を伝えても引き留められるに決まっているし、第一怖い。

とても辞めるなどと言い出せない。でも、続けることもできない。ではどうしたらいいだろうか。私は、ある一つの結論に達した。

「逃げよう」

そう決めた。

そこからの私の行動は、少工を受験した時や相撲をやると決めた時と同じで早かった。行動力はある方だと思っていたが、こんな時にも発揮されるものなのだと思うと苦笑するしかなかった。逃げるにしても、いきなり大きな荷物を抱えて部屋を出ていけば怪しまれるに決まっている。まずは、荷物を小分けにして友人の家に送ろう。そしてカバン一つ程度になったところで、ばれないように逃げ出そう。プランは決まった。私は少工時代の同期だった白木章雄君に密かに連絡を取った。

「ちょっと訳あって相撲部屋から逃げることにした。悪いんだけど、1週間ぐらいでいいから家に置いてくれないかな？」

「え、いいのか逃げて？　相撲やりたかったんじゃなかったのか？」

白木君は当然のごとく脱走する私を心配してくれたが、しばらく話しているうちに決心が変わらないと思ったようで、荷物の受け入れと、脱走後しばらく身を隠させてもらう約束を取り付けることができた。白木君は病院経営者の息子ながら少工に入学してきた変わり者だったが気が合った。やっぱり大学の医学部を受験すると言って自衛隊をやめてしまっていたが、付き合いは続いていた。その頃、医学部を目指し浪人生活を送っていた白木君は、新宿で一人暮らしをしていた。川口市からは近すぎず遠すぎず、一時的に避難するにはちょうどいい場所だった。あとは逃げるだけだ。

12月も半ばになったある日、ほとんどの荷物を白木君の家に送り終え、ついに脱走を決行する日が来た。しかし、レスリングを辞めた時とは違い、心残りがあった。好きで始めた相撲。本当はどうにかして関取になるまで続けたかったのだ。脱走決行日の朝稽古前に、見習い中の床山さんに頼んだ。

「ちょっと自分の取組を研究したいんだ。ビデオに撮ってくれないか?」

用意しておいたビデオカメラを床山さんに渡し、朝稽古の様子を撮影してもらった。たぶんこれが土俵上での私の最後の姿になるだろう。私が関取だったなら、本場所中は毎日取組をテレビで生中継してくれる。しかし私はまだ序二段。当然テレビ中継の録画もない。でも、自分が相撲を取っている姿を、何とか残しておきたかった。

「うまく撮れました！」

笑顔で床山さんがビデオカメラを渡してくれた。

稽古後、相撲部屋で最後になるであろう「ちゃんこ」を全員で食べ、他の弟子たちが昼寝を始めた頃に、残っていた荷物を全部カバンに詰めた。

さらば大相撲。後ろ髪を引かれるような思いはあった。しかしそれ以上に、ほっとした気持ちだった。

「これでようやく終わらせられる」

不思議な安堵感を感じながら、私は部屋を出て駅に向かった。

１９８４年12月、私は相撲部屋から脱走した。

Note

「問題の本質を見定める」

オリンピックを目指してトレーニングを続けていたレスリングを辞めてまで取り組んだ大相撲への挑戦でしたが、このように1年も経たないうちに脱走という最悪の結末で幕を引くことになりました。なぜこのようなことになってしまったのでしょうか。

それは、私が問題の本質を見失い、枝葉の些細なことに気を取られ過ぎてしまったからです。私の目標は、大相撲で成功すること、もっと具体的に言うと番付を上げて十両以上まで昇進することでした。そのために必要なのは、誰よりも稽古をして結果を残すことでした。しかし、私はそのようにはできませんでした。あろうことか、親方の弟子たちへの態度に疑問を持ち、心を乱し、自分の稽古すら思うようにできなくなる始末でした。

相撲部屋とは、疑似家族のようなものです。親方は父親、おかみさんは母親、弟子たちは子供です。弟子たちの中には、中学を卒業したばかりで入門してきた、まだ子供といっていい年齢の力士もいました。親方の立場なら他所様の子供を預かっているわけですから、実の父親同様に接しなければならない場面もあったはずです。「克己」ができていない子供たちには、厳しい態度で接しなければならない場面もあったのだと思います。

しかし当時の私はそこに考えが及びませんでした。親方には親方の考えがあったはずですし、もし行き過ぎた指導があるなら、世話役の長谷川さんに相談するなどの手段もあったはずです。しかし私は自分の本当の目標を見失い、その場の感情に身を任せて、衝動的な行動をとってしまったのです。

本来ならば、些細な問題に気をとらわれず、いずれぶち当たるであろう壁を乗り越え、自分で設定した目標である十両以上への昇進を達成することのみに邁進すべきだったのです。それができなかったことで、私の人生は遠回りすることになってしまいました。

読者の皆さんも、会社の上司や自分の所属するチームの指導者たちに不満を持つこともあると思います。しかし、その不満が自らのパフォーマンス低下に結びついてしまうと、本末転倒の結果になってしまうのです。本来の目標は、仕事や競技で結果を残すことであり、上司や指導者と敵対することではないはずです。
もし今そのような環境下にいるようでしたら、悲惨な結末に終わった私の大相撲挑戦を思い出し、反面教師にしてほしいと思っています。

大相撲は、私が唯一「やりたい」と思って挑戦した競技でした。後の章で述べるカヌーもボブスレーも、決してそのような気持ちで始めたものではありませんでした。その大相撲を中途半端に、しかも脱走という形で終わらせてしまったことを私は今でも後悔しています。

残念なのは相撲の「す」の字も語れないということです。レスリングも同様ですが、やはり取り組んだ以上、自分が如何程《いかほど》の者だったかは見極めたかった。幕下で終わっても「なるほど自分の実力はこんなものだった」と言えるくらいまでは続けたかった。さらに、私の四股名《しこな》「香石（こうせき）」はとても気に入っていましたから、この四股名を世に出せなかったことがとても心残りです。

また、本場所の場内紹介で「群馬県吾妻郡出身」とアナウンスされていたのですが、私は嬬恋村への思い入れが強いですから、番付が上がったら「群馬県嬬恋村出身」に変えてもらうつもりでいたことも実現できませんでした。

当然のことですが辞めてしばらくは、好きだった大相撲もテレビでの中継が目に入ると見ていられずにテレビを消す、というような状態でした。ただ、何もなくなってしまったという無力感の中で、とにかく生きていかないといけないという気持ちはありました。

今思い出しても「死にたい」とまでは考えませんでしたから、当時の深刻さもたかが知れている気がします。

しかし、大相撲を辞めてしまったことは私の人生では間違いなく最大の挫折です。

では、どうやってその状況から抜け出すことができたのでしょうか。次章では、このどん底の状況から私が何を考え、どう行動したのかを詳しく述べたいと思います。

3章

カヌーで人生を取り戻す

フラットな状態で社会へ

人生のどん底

相撲部屋をこっそり抜け出し電車に乗った私は、その足で新宿に向かった。万が一にも知り合いには会いたくない。今の姿を見られたくない。１００キロに届くほど大きくした体を小さく丸め、白木君のアパートまでトボトボと歩いた。今頃は私が逃げたことにみんな気付いて、部屋中騒ぎになっているだろうな。そんなことを考えながら歩いていると、ビルの合間を吹き付ける風がすごく冷たく感じた。

「おお、よく無事に逃げてきたな。外は寒いだろう。まあ中に入れよ」

白木君は事情を知りながら、優しく迎えてくれた。白木君は、医学部の入試を控え浪人中の身。年が明けると入試の本番が待ち構えている。本当は私に構っている余裕はないはずなのに、文句を言わず受け入れてくれた。同期の絆はありがたい。

とは言っても、いつまでもここに居座る訳にはいかない。

私が相撲部屋を脱走し、白木君の家で世話になっていることをどこから耳にしたのか、白木君の家に陸上自衛隊施設学校時代の村井義孝区隊長から電話がかかってきた。

「今ならまだ間に合う、考え直せ」

「すみません、自分にはもう無理です」

村井区隊長の必死の説得も、私の耳には入ってこなかった。

そして、服部助教からも電話がかかってきた。この時私は、あろうことか白木君に頼んで居留守を使った。大恩ある服部助教からの連絡にも反応できないくらいに自暴自棄になっていたのだ。好きで始めたはずの相撲を中途半端に投げ出す羽目になったことは、すべて自分の責任とはいえ、私の心に深い傷を作っていた。かろうじて世話になっている白木君とは会話はできるものの、それ以外は誰とも話をしたくない。たとえ服部助教であっても、今は話ができない。すっかりふさぎ込んでしまい、まさに人生のどん底ともいえる時期を過ごしていた。

そうは言っても、早急に自分でアパートを探し、白木君の家を出ていかなければならない。これまでは自衛隊の隊舎だったり、相撲部屋だったりと、一人暮らしをしたことがなかった。地元である嬬恋村以外では、少工がある横須賀や自衛隊体育学校がある朝霞、それに相撲部屋があった川口なら多少の土地勘があるものの、東京都内についてはまったく分からなかった。とりあえず新宿駅まで出て路線図を見よう。そして便利そうな路線沿いで家を探そう。そう決めて歩き出した。

吉祥寺や三鷹辺りがいいのではないかということで、武蔵境駅の近くに決めた。ただ、ここでまた小さな失敗をする。一人暮らしの家賃相場も知らず、分不相応な5万円以上もするアパートを借りてしまった。幸い、少工から自衛隊体育学校までの時期は国家公務員としての給料がもらえていたので、手元にはまだ70万円くらい残っていたのだが、礼金や敷金、家財道具のことをあまり考えていなかったため、一人で生活を始める時には手持ちのお金がほとんどなくなっていた。

これから何をするかをじっくり考えようと思っていたのだが、それどころではない。一刻も早く何でもいいからすぐにお金になるアルバイトをしないと、家賃が払えなくなってしまう。私は焦り始めた。

何としてもすぐに働かなければならない。しかし、私はこれまで給料をもらっていたとはいえ、少工や自衛隊体育学校、そして相撲部屋と、一般的な社会人の生活からはかけ離れた生活を送っていたため、世間を知らない。アルバイト代も翌月払いでは間に合わないので、求人雑誌で日雇いのような直ぐにアルバイト代をもらえるところを探した。

すると、年末ということで、正月用鏡餅の製造補助の仕事が見つかった。アルバイト代も、年末に作業が終わった時に一括でもらえると書かれている。早速電話をかけ、面接を受けに行くと、あっさり採用された。

こうして自衛隊体育学校を辞めて相撲部屋に入門し、その相撲部屋も脱走するという激動の１９８４年の暮れは、鏡餅を作るアルバイトに費やされることになった。

相撲を中途半端に投げ出した代償

年が１９８５年に変わった後も、私はアルバイトに忙殺され、その日暮らしの生活を送っていた。本当は腰を据えて今後何を目標として、どのように生きていくのかを考えなければならなかったが、そのような余裕が持てなかった。家賃を払い、生活費を稼ぐためにはただひたすら日々のアルバイトに没頭しなければならなかった。

しかし、アルバイトをしている間は、少なくとも今後どうしていくか、自衛隊も大相撲も辞めてしまった私がどうやってこの先生きていくかという、ヘビーな問題と向き合わずに済む。生活を維持するための忙しさを言い訳に、本当に向き合わなければならない問題からは目を背け続けるという、いわば現実逃避のような状態を続けていた。

誰とも関わりたくない日々が続いていたが、日本相撲協会にはまだ籍があるため国民健康保険へ加入ができない。また、スポーツ紙では本場所が始まると話題力士の星取表が掲載され「香石・休場」とすでにその世界にいない自分が紹介されている。この状況を変えなければいけない。私は直接協会へ電話して、「もう部屋にはいないので除籍の手続きをしてください」と伝えた。その際、担当者から連絡先を聞かれ、「絶対に親方へは教えないでください」と念を押して電話番号を伝えた。

ところがあっさり裏切られ、その日のうちに親方から電話がかかってきた。

「とにかく出てこい。ぶった切ってやる！」

電話口から親方の怒声が響いた。当然だろう、特別扱いまでして出世を期待していた若手力士が、何も言わずに計画的に逃げ出したのだ。私はとにかく詫びるしかなかった。親方の剣幕はものすごいもので、出ていけば本当に切られかねない恐怖心にとらわれた。ただ、このままでいいとも思わなかったので、個人的に応援してもらっていた相撲部屋の近くにある歯科医さんの自宅で、第三者を交えて親方と話す機会をもった。何を言ったのかもよく覚えていないが、もうすぐ髷《まげ》が結えるくらいに伸びていた髪の毛もバッサリ切ってしまっていたこともあり、親方も諦めてか、

「お前のような奴はこの先で何をやっても駄目だろう」

そう突き放した話をされただけで済んだ。ほっとして武蔵境へ帰った。

両親には相撲部屋から逃げ出し、相撲を辞めた時点で手紙を書いた。嬬恋村では郷土力士の活躍を楽しみにしている人もいたため、両親も一時は勘当同然に追い出したはずの私を応援しようと、部屋まで挨拶に出向いてくれたこともあった。そういった事情もあり、その反動は大きく、何やら父親は病気で入院していると兄から聞いた。原因の一つに自分のことがあるのだろうと思った。

「もう恥ずかしくて、外を歩けない」

母はそう嘆いているらしい。山﨑家では「他人様に迷惑をかけてはならない」が家訓のようなもので、世間を騒がしたこともこうなると家の中では「迷惑」の一つだ。孀恋村には帰ることができない。自分で「やりたい」と思って始めた相撲を中途半端に投げ出した代償は、想像以上に大きいものだった。

まるで日陰者のように目立たず、はしゃがず、誰とも会わずにひっそりと過ごしていた私を見かねたのか、兄が訪ねてきてくれた。5月の連休が終わった頃だった。最初はとりとめのない近況報告のような話をしていたが、両親が私のことを忘れようとして、実家では私の話題はタブーになってしまっている状況だと聞くと、さすがに落ち込んだ。

そんな私の姿を黙って見ていた兄は、意を決したように言った。

「お前、このままでいいのか？　アルバイトで金を稼ぐことだけに忙殺されていていいのか？　やりがいのようなものを追求しなくてもいいのか？」

返す言葉がなかった。いいはずはない。しかし、それを考えることから逃げ続けていたことも事実。返答できずに困っていると、兄は続けた。

「まだ若いんだから、やり直せるぞ。また何か新しい目標を見つけろよ」

それだけ言うと兄は帰っていった。兄の言う通りだった。今の私には何の目標もない。レスリングでオリンピックを目指している時、また大相撲で関取になることを目指し一生懸命稽古していた時を知る兄にとっては、今の私は別人のように見えたのかもしれない。

その後も1カ月くらいはアルバイトに追われる生活を続けていたが、心境に変化が出てきていた。兄の言葉が頭から離れなかったことから、「これから何をするべきか」ということに対して目を背けなくなってきていたのだ。レスリングも、好きだった大相撲も投げ出してしまった。そうなれば、あとは社会に出て働くのが筋だろう。しかし、どうしても今の自分が社会に出て一人前の男としてやっていける自信が持てなかった。この自信の無さはどこから来るものなのか。それを考える日々が続いた。

そして6月になると、その理由に気付くことができた。

それは、レスリングも相撲も、最後までやり通したという実感が持てていないということだった。私はアスリートとして、競技をやり遂げていない。やり遂げたという実感が持てない限りは、社会に出たところで自分に自信を持てないまま生きていくことになるだろう。それが、私が出した結論だった。となると、やるべきことは一つしかない。もう一度競技に挑戦することだ。しかし、私に何が向いているのだろう。自分ではよく分からない。こうなったら、恥を忍んで服部助教に相談するしかない。私は服部助教に電話して横須賀まで会いに行くことにした。

ちょうどその頃、仕事のためにローンで原付スクーターを買っていた。私は節約のため、原付スクーターで横須賀まで向かった。

原付スクーターに乗ること約3時間。尻が痛くなりながら、何とか横須賀の服部助教の家にたどり着くことができた。横須賀は久しぶりに訪れたので懐かしかったが、ノスタルジーに浸っている時間はない。早速服部助教に相談した。

「服部さん、相撲部屋を逃げ出した後、もやもやした気持ちのまま過ごしていました。その原因についてよく考えてみたのですが、自分はアスリートとしてやりきったという実感が持てていないんです。また競技にチャレンジして、その実感を持ってから、社会に出たいんです。そのステップをちゃんと踏んでいかなければ、自分に自信が持てないままのような気がしていまして……。何か打ち込めるものはないですか」

「なるほど、じゃあ何か挑戦したい競技はあるのか？」

服部助教は私の泣き言にも文句一つ言わず付き合ってくれ、建設的な話し合いにしてくれた。相撲で出世して恩返しするという思いはまったく果たせなかったにもかかわらず、この人は私の恩師でいてくれた。しかし、挑戦したい競技と聞かれると、特にアイデアを持ってはいなかった。レスリングでも相撲でもないものに挑戦したいと漠然とは考えていたものの、改めて問われると答えに詰まった。そんな私の姿を見て、服部助教はすかさず言葉を続けた。

「日大でアメフトをやるのはどうだ？　お前の体格なら、きっと取ってくれるぞ」

日本大学がアメリカンフットボールの強豪というのは聞いたことがあった。アメフトは団体競技とはいえポジションごとに役割が細分化されていて、ボールには触れずにただ体で相手を止めるというポジションもあるから私に向いていると服部助教は考えたようだ。しかし、今から自分が大学に入って、ルールも知らない団体競技に打ち込むというイメージがどうしても持てなかった。

「アメフトは嫌か。じゃあボクシングはどうだ?」

ボクシングか、取り組むべき競技としては向いているかもしれない。しかし殴り合いが自分にできるだろうか。答えに困ったまましばらく時間が過ぎた頃、服部助教が一つ新たな提案をした。

「カヌーはどうだ?」

これを聞いて思い出した。そういえば服部助教は怪我でレスリングを諦めた後は、カヌーに転向し全日本選手権や世界選手権に出場するまでの選手になったのだった。怪我ではないものの、同じくレスリング、そして相撲を諦めた私にちょうど合っていると考えたのかもしれない。私の反応が好感触だったのか、服部助教はさらに続けた。

「カヌーなら、練習場所も指導者も紹介してやれるし、道具も揃えられる。どうだ?」

カヌーは少工の部活動にもあったが、練習の様子すら見たことがなかった。しかし、服部助教が言うのなら、カヌーがいいのかもしれない。そう思い、

「分かりました。カヌーに挑戦します」

はっきりそう答えた。

横浜に行けば、服部助教の恩師でもあり、1964年の東京オリンピックにも出場経験がある本田大三郎さんが教えてくれるだろうという話になり、私の心がすっと軽くなった。また打ち込めるものが見つかった。私の安心した表情を見た服部助教は、

「よし、じゃあ景気づけに、飯でも食おう」

服部助教の自宅で夕食をご馳走になり、またスクーターで武蔵境まで戻った。尻が痛くなった往路とは違い、これからやることが決まり気持ちも軽やかになったのか、復路は同じ3時間も短く感じた。

早速次の日から、横浜での生活環境を整える準備を始めた。できるだけ家賃などの支出を抑え、トレーニングなどの費用にしたい。その条件でアルバイトを探すと、一つうってつけのアルバイトを見つけた。住み込みで行う新聞配達のアルバイトだ。これなら家賃も抑えられるし、練習時間も確保しやすい。横浜市金沢区にある読売新聞能見台専売所で採用されることが決まり、私はカヌーを始める前に引っ越し、態勢を整えた。

カヌーを始める前に、私は一つの誓いを立てた。

「競技を2年やり切る」

アルバイトをして自分の生活は自分で支えながら、もちろん成績を残せるに越したことはないが、とにかく2年間は続ける。この課題をクリアした時にこそ、私は自分に自信を持って社会に出て行けるのだ。

2年間カヌーをやり切るという新たな目標

1985年6月18日、私は本田さんの勤務先である横浜市消防局の消防訓練センターにあるプールの前にいた。今から、初めてカヌーに乗り込むのだ。私もカヌーをやると決めるまで知らなかったのだが、私が取組むレーシングカヌー（現・カヌースプリント）には2種類ある。片膝立ちで乗り込むカナディアンと、シートに座る形で乗り込むカヤックだ。カヤックは水を掻く部分が両端についたダブルブレードのパドルを使い、さらに足で動かせるラダーと呼ばれる舵《かじ》もついている。一方、カナディアンは水を掻く部分が片方にしかないシングルブレードのパドルでラダーもない。さらに、パドルで水を掻けるのは、自分の左右どちらかの側だけだ。それだけでカヌーをまっすぐ進ませなければならない。

初心者にはカナディアンは難易度が高いと思い、私はカヤックで挑戦することに決めていた。さすがに片膝立ちをいきなりはできないが、座り込むタイプのカヤックなら、私でもコツさえつかめばすぐに乗れるはず。タカをくくっていた。


コーチをお願いしていた本田さんが見守る中、初めてカヌーに乗り込んだ。と思ったら、その瞬間カヌーが丸太のようにコロンと転がり、私はプールに投げ出された。

「すみません、もう一度乗ります」

バツの悪そうな表情を浮かべながら慌てて再挑戦するも、またコロンと転がってプールに投げ出される。ただそれを繰り返した。結局この日は、カヌーに乗り込むことさえできなかった。

「まあ、慣れるまで時間がかかるかもしれないけど、頑張れ」

指導というレベルではなかった私に本田さんはこう言ってくれたが、悔しさと情けなさで一杯だった。横浜に引っ越してきてまで懸けることにしたカヌーだが、満足にカヌーに乗ることさえできない。これでは競技以前の問題だ。しかもプールに落ちて思い出したのだが、私は群馬県育ち。つまり海のない陸育ちの人間で、潜在的に水に対する恐怖心がある。ひょっとしてカヌーは私に向いていない競技だったのでは……。恐ろしい考えが頭に浮かぶが、無理やり払拭《ふっしょく》した。カヌーを中心とした生活を送るために、横浜に引っ越してまで態勢を整えたのだ。今さら後には引けない。

「とは言え、一度カヌーに乗って、向いているか確かめてから決めるべきだったなあ」

つい独り言でぼやいてしまったが、もはや賽《さい》は投げられたのだ。それに、成績を残すことは最初から主な目標とはしていない。向いていようがいまいが、2年間カヌーをやり切る。それが私の決めた目標だし、そうする以外の選択肢はなかった。

プールで何度も練習するが、すぐにバランスを崩して水に投げ出される。横浜消防センターはプールだったからよかったのだが、関東学院大の練習場は海沿いにある川の河口を利用して作られているため、真水ではなく海水混じりの水だった。さらに干潮と満潮の差が激しく、時には泥混じりの水になることもあった。すぐにバランスを崩してカヌーから投げ出される私にとっては、いい環境とは言えなかった。

本田さんは見かねたのか、3日ほどすると声をかけてきた。

「関東学院大の練習場も現状じゃいい環境とは言えないし、ある程度乗れるようになるまでは戸田の漕艇場で甲斐に教えてもらった方がいいんじゃないか」

戸田の漕艇場とは、埼玉県戸田市の戸田公園内にあるボート競技のコースである。1964年に行われた東京オリンピックのカヌー競技は、ここが会場になっていた。

「戸田の漕艇場は関東学院大の練習場と違って川から引いた溜め池だから、落ちて水をがぶ飲みしても大丈夫だろ」

本田さんは豪快に笑った後、続けた。

「それに、戸田にいる甲斐って男は、お前と同じ少工の出身だし、やりやすいだろ」

「えっ、少工の先輩がいるんですか？」

それなら、私もやりやすい。本田さんに、早速連絡してもらった。

「戸田に来たら、練習を見てやるって言っているぞ」

さすが少工の絆は強い。好意に甘え、戸田漕艇場に練習へ通うことにした。

横浜から戸田漕艇場は、ひどく通い辛かった。近くに戸田公園駅ができつつあったが、9月の埼京線開通までは使えない。今は最寄りの蓮根駅から歩くしかない。30分程歩き、ようやく戸田漕艇場についた。

「すみません、甲斐さんはいらっしゃいますか？」

「おお、よく来たな。早速カヌーを漕いでみるか」

背筋がピンと伸びた、堂々とした男性が振り返りながら答えてくれた。これが、服部助教に続く私の第二の恩師、甲斐信幸さんとの出会いだった。

甲斐さんは少工では私より9期上。つまり当時は30歳そこらのはずだったのだが、とてもそうは見えない。頭も剃っているのか髪の毛がなく、口髭を蓄えて、貫禄たっぷりだった。

「少工の後輩なんだってな。なんでまたカヌーを始めたんだ？　まあ、いいか。とりあえず道具はあるし、漕いでみろよ」

道具を借り、カヌーに乗り込んだ。何とかバランスを保つためにブレードの背面で水面を叩く、そんなことを続けていると、カヌーは前に進まずなぜかバックしてしまった。

「がははは、何やってるんだよ。前に漕ぐんだよ」

甲斐さんが腹を抱えて笑っている。とんだ失態を演じてしまった。そうこうしているうちに、バランスを崩し、転倒して水に落ちてしまった。これが私の現時点の実力だ。小学生より酷かったと思う。しかし、戸田漕艇場は関東学院大の練習場と違って、水が綺麗だった。これならバランスを崩して水に投げ出されても問題ない。

「少工の後輩だし仕方ねえな。乗れるようになるまで戸田に通えよ。練習見てやるよ」

「本当ですか！　よろしくお願いします！」

願ってもない話だった。持つべきものは少工の先輩だ。私は問題なくカヌーに乗って漕げるようになるまで、毎日、戸田漕艇場に通い、甲斐さんの指導を受けることにした。欲を言えばもっと時間をかけて教えてもらいたいところだったが、甲斐さんは戸田競艇組合で働きながら、県内の子供たちや競技選手を指導している身。私だけに付きっ切りになるのは難しい話だ。

横浜で住み込みの新聞配達をしながら、毎日、戸田漕艇場まで通うのは、なかなか大変だった。1日も早く乗れるようになって関東学院大で練習できるようにしなければならない。1週間くらい経つと子供がつかまり立ちからよちよち歩きへ移行するように少しずつ漕げるようになってきた。そして、落ちないようになると当然練習拠点は横浜に戻した。

横浜での練習は仕事場から近くにある関東学院大のカヌー部の練習場も使わせてもらえることになっていた。

アルバイトの新聞配達は、勧誘は担当せず配達と集金のみ行うという約束で入ったので、練習時間の確保はしやすい環境だった。深夜1時過ぎに起きて届いたばかりの新聞に折り込みのチラシを入れてバイクに積み、朝の4時頃までかけて300軒くらいに配る。新聞奨学金を受けている学生たちは4時頃から配達開始なので、私と入れ替えのタイミングで専売所から出ていく。私はその後、関東学院大の練習場に向かい、朝5時から8時頃まで練習した後に部屋に戻って食事と仮眠をとる。その後、13時頃から夕刊の配達を行い、15時頃までには配り終えて、夕方は筋力トレーニングに励む。その後は翌日の朝刊用の折り込みチラシを作ってから夕食をとり、大体20時までには就寝する。

新聞配達は時間がほぼ毎日同じなので、生活のリズムを作りやすい環境だった。夜は早めに寝なければ翌日体が持たないので、無駄遣いもせずに済んだ。とは言っても、徹底したストイックな生活を送っていたわけでもない。自室には冷蔵庫を置いていたのだが、そこに缶チューハイを買って入れておいて、朝食と夕食の時に飲むのが楽しみだった。たまには同じ寮で生活している学生を自室に招き入れて飲み会を開くなど、それなりに楽しく過ごせていた。

大きな一歩

横浜での練習が中心の生活ではあったが、定期的に甲斐さんの指導は受けたいと考えていた。埼京線が開通すると戸田公園駅も開業したため、通うのには少しだけ楽にはなったものの、やはり横浜から埼玉までは時間がかかる。また、練習は朝刊を配達した後の午前中に行うため、向かう際は通勤ラッシュに巻き込まれる。さらに往復で3時間以上もかかるため、移動だけで体力を消耗してしまう。どうしたものかなと思っていたら、幸運な出会いがあった。横浜市内で酒店を営んでいた角守俊則さんという人が、本田さんとのつながりで仕事の合間に関東学院大へカヌーの練習に来ていたのだ。私が横浜に住んでいて、週に一度戸田漕艇場まで練習のために通っていることを知った角守さんは、

「それなら、店が休みの日に俺の車で一緒に行こうよ」

と、言ってくれた。

「ありがとうございます！　よろしくお願いします」

私は本当に出会いには恵まれている。横浜では角守さんと一緒に練習することで集中力が持続でき、競技以外でもお世話になった。角守さんの酒店が休みの水曜日には毎週、車に乗せてもらい戸田漕艇場へ通った。角守さんは甲斐さんと同じ年代で私の10歳ほど上になるのだが、年齢を感じさせない若さで楽しいこともたくさん経験させてもらった。

肝心のカヌーは二人でペアを組んで小さな大会へ出たりしたが、角守さんは高校では柔道部、私と同じ重量級で体が大きい、明らかに他のチームより舟は沈んでいる。これでは抵抗が大きくスピードが出ない。

横浜で新聞配達をしながら戸田漕艇場にも通うという日々を送り始め1年が経とうかと

いう頃、甲斐さんから声をかけられた。

「これだけ戸田に来ているんだったら、いっそのこと近くに引っ越してきてこっちを練習の拠点にしたらどうだ?」

「実は私もそう考えていたところです」

そう、甲斐さんの言うように、戸田漕艇場近くに引っ越し、ここを拠点に練習した方がうまくいきそうなことは以前から感じていた。当初服部助教から紹介してもらった本田さんも、横浜消防訓練センターの仕事が忙しいのか、指導してもらう機会はほとんどなかった。戸田漕艇場で甲斐さんの指導の下、みっちり練習した方が力が付くことは分かっていた。しかしカヌーを始めた当初は横浜で2年間やり切るつもりで、新聞配達所の仕事も2年間の契約で始めていたのだ。「やり切る」というテーマを掲げていたカヌー挑戦だったので、横浜から戸田への引っ越しはかなり逡巡した。これはまた途中で中途半端に終わってしまうことにつながらないだろうか。

迷ったが、横浜での新聞配達を辞めて、戸田漕艇場近くに引っ越してアルバイトも新しく探すことにした。この挑戦の肝は、カヌーという競技を、生活面では誰の助けも借りることなく2年間やり切るところにある。自分で生計を立てて挑戦している限りは、どこで何の仕事をしようが構わない。そう考えるようになった。

私は早速新聞配達所の所長にも決意を伝えた。所長は残念がっていた。私が勤務していた新聞専売所では、新聞を配り忘れる「不着」を1カ月間起こさなければ、報奨金として5000円もらえる制度があった。私はこの報奨金欲しさに、ひたすら配り忘れないように日々注意しながら配達を行っていたのだ。その姿勢も評価されていたようだった。

「2年の約束なのに申し訳ありません。カヌーに集中できる環境を整えたいのです」

正直に理由を伝えると、所長は理解を示してくれた。契約上は2年勤務しなければならなかったが、不問としてくれたのだ。ありがたかった。

こうして残りの1年は戸田漕艇場を拠点として練習することになった。最初の1年はカヌーに乗って漕げるようになるまでに時間がかかり、大会に出ても負けてばかりで決勝まで残るということもなかった。残り1年で、結果は大事ではないにしても、やり切ったという成果を目に見える形で残したい。私は戸田漕艇場で、さらに練習に励むようになった。

新聞配達は辞めることになったが、すぐに新しいアルバイトも見つかった。新宿・歌舞伎町の銀寿司でのアルバイトだ。歌舞伎町でも人気の寿司店で、土地柄、深夜から早朝も営業を行う。私は午前中に練習を行い、昼過ぎから20時頃まで眠り、21時過ぎに歌舞伎町の社員食堂で賄《まかな》い飯を食べて22時に出勤、朝6時に仕事を終えるという生活サイクルになった。昼夜が反対となる生活サイクルだったが、練習時間はまとまって取れるので集中して取り組むことができた。

アルバイト自体も楽しかった。業務内容はホール係と出前が主だったのだが、深夜営業だとたまに暇な時間帯もある。そういう時に寿司職人さんの無駄話を聞く。これまで触れ合ったことのないタイプの人たちだったので、話が新鮮で楽しかった。時にはこっそり寿司を握ってくれることもあった。

ストイックな生活だけでは息が詰まってしまう。銀寿司でのアルバイトは、生活費を稼ぐためではあったが、ちょうどいい息抜きの場にもなっていた。

しかし、戸田漕艇場に練習拠点を移したにもかかわらず、私のカヌーの成績は相変わらず伸びないままだった。大会に出場しても、相変わらず決勝まで残ることができない。一度、全日本選手権のカヤック1万《メー》《トル》に出場した時は、6位入賞を果たすことができた。しかし、この日は天候が悪くて水面が荒れており、途中棄権する人が続出していた。しかも、1万メートルという種目は主流ではなく、そもそもエントリーしている選手も少なかった。私の実力がついたということではない。このように、カヌーに懸けて過ごしてきてはいたが、目に見える成果を出せない状況が続いたまま、1987年を迎えた。

2年前、兄からの言葉で、金ではなくやりがいを追い求めて始めたカヌーだった。6月になれば、当初の誓い通り2年間をやり切ったことになる。その前の5月に行われる海外遠征代表選考会で、この2年間の成果を出し切りたかった。恐らく、私が日本代表に選ばれて世界選手権に出場するなどということはないだろう。しかし、それでもかまわない。カヌーを続けてきたおかげで、十二分に立ち直ることができた。この後は仕事を頑張って、そちらで成功者になろう。終わりが見え始めると、気持ちの整理も付き始めた。

結局、選考会ではベストは尽くしたものの目立った成績を挙げられず、区切りの6月になった。カヌーを始めてちょうど2年が経った。この2年間の競技生活を振り返ってみて思うことは、カヌーはレスリングや相撲と比べて、不器用な私にはより不向きな競技だっ

3章

カヌーで人生を取り戻す

レーシングカヤック　※一番手前が著者

たということだ。レスリングや相撲では、自分が勝ち上がっていける道筋が自分でも見えていた。しかし、カヌーでは最後まで暗中模索のような競技生活だった。ただ、もう少し練習を積めば、どこかで壁を乗り越え結果が出るのかもしれない。

しかし、最初からこの挑戦は2年間と決めていた。そしてその期間をきちんと働いて生計を立てながら、競技を続けることができた。レスリング、大相撲といずれも中途半端に終わらせてしまっていた私だったが、ついに自分で決めたことをやり遂げたのだ。

相撲部屋から逃げ出し、これまで沈んでいた私の人生がようやくフラットになったと感じられた。競技結果こそ出せなかったが、これは大きな一歩だった。

「ようやく自然な気持ちで社会に出て行ける」

24歳の夏、私は競技生活にピリオドを打ち、就職することにした。

Note

「継続で得た自信」

1987年6月、私は自分に課した「自分で生計を立てながらカヌーを2年間やり切る」という目標を達成することができました。それまでレスリング、大相撲と中途半端に終わらせてしまっていたため、「やり遂げる」という経験が乏しかった私にとって、この時の経験は今でも忘れられないものです。

この経験があれば、競技生活に別れを告げて一人の社会人として普通にやっていける。このような自然な気持ちで競技生活から引退して就職を考えるようになりました。そうなると、「あれ？　じゃあオリンピックにボブスレーで出場したというのはいつの話？」と思う読者の方もいらっしゃるでしょう。ボブスレーに挑戦するのは、もう少し後の話になります。オリンピック出場までにはまだまだ一波乱も二波乱もあるのが私の人生なのです。

さて、今までにない充実感を覚え、落ち着きを取り戻して競技生活からの引退を決めた私でしたが、この時の充実感の正体は「やった」という気持ちでした。

この「やった」という感覚は、自分で定めたことをクリアした時に得られるものです。もちろん、自分で働いて生計を立てる、その中で競技にも打ち込み、中途半端に投げ出さず、決めた期間やり遂げるということは簡単ではありません。しかし、達成感というのはそれだけではないのです。「やった」のさらに一段階上にある感覚があるのです。

それが、「できた」という感覚です。「やった」との違いを説明すると、「できた」というのは簡単に言うとリスクを背負いながらも挑戦し、その目標を超えることができた時に得られる感覚です。「やった」という感覚は「やり切った」と読み替えてもいいかもしれません。継続するというハードルをクリアはしているのですが、そのハードルはリスクを覚悟しなくても超えられるものだと思います。

私のカヌー挑戦は、それまでの私が投げ出したり逃げ出したりしてしまっていたことへの再挑戦でしたが、リスクを背負っての挑戦と呼べるものではありませんでした。自分で生計を立てながらの挑戦ということでなかなか大変ではありましたが、カヌー競技で結果を残すこと自体を第一の目標には設定していませんでした。あくまで自分で決めた2年間という期間をやり切ることが重要と考えていたのです。

当時の私にとっては、この目標は実に妥当な目標だったと思います。なにせ、それまでのレスリングや大相撲、自衛隊の仕事もですが、一つもきちんと最後までやり切ったことがなかったのですから。そのため、「やり切る」ことをゴールとしていました。

「できた」ということについては後述しますが、ここでお伝えしている「やった」という感覚は、何も競技にだけ当てはまるものではありません。学生なら勉強、社会人でしたら仕事の上でも、同じような感覚を得られることがあると思います。

この継続目標をクリアするプロセスは自信につながります。1カ月でも自分が決めた期間を続けてみましょう。終えた時に自分の成長が感じられるはずです。

私は競技生活を引退し、一人の社会人として働いていくことになります。「できた」という感覚は、その後の社会人としての仕事からでも得られたのではないかと思います。

しかし、私は「できた」という感覚を手にするためにまた競技生活に戻り、結果的にはオリンピックに出場することになります。一度は社会に出て働いていた私ですが、何があって競技生活に戻ることを決めたのでしょうか？

次章では、私の初めての就職と新たな出会い、そしてそこで何を感じて競技生活に戻ることを決意したのかについて、振り返っていきたいと思います。

ところで余談なのですが、私を横浜から戸田漕艇場に毎週車で送ってくれ、横浜にいる時は一緒にカヌーの練習をしていた角守さんは本当に多趣味な人で、カヌー以外にカメラや釣りも本格的でした。カヌーを引退した後はそば打ち職人を目指して修行し、横浜市内に蕎麦屋を開いてしまいました。これがとてもおいしくて評判になり、あのミシュランガイドでも紹介されたほどです。「坊ノ上　なむいち」と言えば、グルメ好きの人の中には聞いたことがある、もしくは行ったことがある人も多いのではないでしょうか。

一方、角守さんと同じ年代の甲斐さんには、私が現役を終え、裏方として様々なスポーツへ関わるようになってからもずっとお世話になっていました。懐の深い指導者であり、常に見本としていました。日本カヌー連盟でも常務理事として中心的な役割も担っていた甲斐さんですが、２００８年７月に病気で他界してしまいました。この時の悲しみや喪失感は、３年前に実の父親が亡くなった時よりも大きかったことを覚えています。

4章

研修所教官として働く

社会人としての第一歩

初めての就職

2年間のカヌー挑戦を終え、ようやく社会に出て行けるという自信を得た私が次にしなければならないことは、仕事を探すことだった。私はそれまで自衛隊体育学校、相撲部屋、そしてアルバイトをしながらのカヌー挑戦という道を歩んできたため、いわゆる「普通の仕事」、スーツを着てオフィスに出社してというような経験がなかった。

特に何か仕事のアテがあるわけでもなかったし、自分にどんな仕事が向いているのかもよく分からない。よく言えば無限の可能性がある状態で、悪く言えば何も書かれていない白地図だけを手に旅に出ようとしているような状態だった。服部助教も甲斐さんも一般的な就職活動をしてきた人ではなかったので、今度ばかりはアドバイスを求める訳にもいかない。自分で何とかするしかなかった。

私はまず就職雑誌を買った。特に「これだ」と思う仕事があった訳ではない。また、仕事に対するこだわりはなかった。とにかく雑誌をパラパラとめくっていると、ある一つの会社が目に留まった。

『株式会社東京経営センター』

名前だけでは何をしているのかよく分からない会社だ。読んでみると、どうも社会人相手に研修をしているらしい。職場は三重県だ。何となく電話してみると、面接に来てくれという。自衛隊体育学校のことや相撲部屋を早々に脱走したことなど、履歴書に何と書いたらいいのか悩みながら書き終え、東京都内にある本社に面接に向かった。どうせダメだろうと思っていたら、様子が違う。

「少工で学んだことは何ですか？」

「自衛隊体育学校から相撲部屋って、珍しい経歴ですね」

「相撲部屋の後の2年間は、カヌーに挑戦していたんですね」

どうも、質問が好意的だ。後で分かったことなのだが、この会社にインストラクターとして勤めている社員の中に少工出身者が2人いた。2人とも優秀なインストラクターで、少工でのリーダーになるための教育は評価されていた。その教育を受けてきた人間なら、業務内容にマッチするだろう。会社としてそのように考えていたため、私の経歴に対し好意的に見てもらえたのだ。そんな訳で、思いの外あっさりと内定をもらうことができた。

業務内容は、業種や職種を問わず組織の構成員を階層別に研修所へ集めて、3泊4日の泊り込みで研修を行う。インストラクターも受講者と一緒に研修所に泊まり込むことになるため、2コースで1週間連続で泊まり込みの勤務をした後、次の1週間は休み、というような仕事のサイクルとなる。これなら、余暇の時間を有効に使えそうだ。しかしここに就職すれば、三重県に引っ越さなければならない。三重県には特に縁もなく、これまでに行ったこともなかった。しかし、そこは特に問題ではない。カヌーを趣味で続けられる環境があればいいなとは思っていたので調べてみると、三重県なので当然海も川もある。甲斐さんへ就職することを報告すると。

「ちょうどいいタイミングだな。まだカヌーは国体の競技ではないけど、今後国体競技にしたいという動きがある。そこで、三重県にもカヌー協会を作らなければならないという話になっていたところなんだ。三重に行くのなら、そこで協会の手伝いもしてくれよ」

「分かりました」

二つ返事で応えた。少し後になるが、無事に三重県カヌー協会は設立されて、私は北海道国体へカヌー競技の三重県監督として学生を1名連れて参加した。

自衛隊や相撲部屋など特殊な例を除くと、これが私にとって初めての就職になる。東京経営センターの研修というのは、上は経営者、そして管理者、監督者、一般社員と階層別のクラスでプログラムが分かれている。加えて、春には新入社員研修もある。この階層別に研修を行うため、「階層別基本研修」と呼ぶそうだ。開催回数は階層ごとで違うが、監督者コースと一般社員コースが多く行われていた。

入社してすぐに、まずは体験してみなさいということで、在籍しているインストラクター（ここでは「教官」と呼ぶ）との挨拶もなく、一般社員コースへ放り込まれた。

一般企業や自治体から派遣されてくる研修生は約100名、年齢もバラバラで、ランダムに編成された10個班に分かれた。私は第10班、担当教官は所長だ。この研修の責任者であり風格が半端ではない。少ない言葉ながらも私たち研修生は引き付けられた。

初日は、オリエンテーションに続いて、個人面接。教官が5人カウンター越しに並ぶ前に呼び出されて、大きな声を出させられる。隣も同じなので当然聞こえづらく、面接というよりは声の出し合いだ。課目を1コマ終えて、部屋へ戻る頃には同じ班の参加者は気疲れもあるのか元気がない。私も様子を見ながらではあったが、大変なところだとの思いを強くした。

2日目からは課目と訓練が交互に繰り返される感じで進行し、徐々に各班のまとまりが出てくる。夜には翌日に研修の集大成として行われる野外実習のルール説明があった。2班ずつ一緒になり、5グループによる対抗戦だ。マーケティングの要素が含まれたルールで点数をより多く獲得したチームが優勝となり、それまでの集団行動訓練の出来栄えも点数化されて加算される。この頃にはみんな打ち解けており、気持ちも前に向いてきているので何とか優勝したいという雰囲気だった。

チームの役割分担では、おとなしくしていたつもりだったのにグループリーダーに指名されてしまった。所長にこっそりと聞いた。

「私がやってもいいんですか？」

「構わんだろう」

こうなると、逆に責任を感じてしまい何とか我がグループを優勝させたいと真剣に計画も考える。3日目午後からの実習は約5キロの行程を走ったり、集団行動をしたりの展開となるが、体力に余裕がある私はメンバーに声をかけながらゴールを目指した。結果的にはよく理解しないまま頑張っただけなのだが、優勝することができてほっとした。

研修を無事終えた参加者は晴れ晴れとした表情で帰りのバスに乗り込んでいる。私も半分同じ気持ちでバスに乗りたかったが、ここが職場になるので見送る側で手を振っていた。

生かされた少工時代の経験

見習いとして研修を運営する側で仕事を始めると色々なことが勉強になり、刺激となった。特に管理者コースで参加する人たちは、若くても40代、多くは50代で、私の父親と同じぐらいの年齢だった。私はまだ24歳。そういう人たち相手に、インストラクターとして指導していかなければならない。普通なら及び腰になってしまうようなシチュエーションだが、私は自分に課したカヌーを2年間やり切るという目標をクリアして自信を持っていたことと、少工時代にいずれ自分より年上の隊員を率いていくためのリーダー教育を受けていたことが功を奏し、自分の父親ぐらいの年齢の人たちに囲まれても動じることはなかった。

思えば、レスリングを始めてからは少工の本分たるリーダーになるための訓練や専門教育などは、私の場合、二の次になっていたのも事実だ。少工の生活ではレスリングで強くなるためにどうするかということが思考の中心にあったからだ。しかし、少工のカリキュラム自体は普通に受講していたので、その経験がここで生かされることになった。少工の先輩たちがこの会社で活躍しているということも腑に落ちた。

この階層別基本研修だが、参加者は必ずしも好き好んで来ているわけではないと先輩たちから聞いていた。ほとんどの人は、業務命令として仕方なく来ているのだと。

「でも、みんな真剣に取り組んでいるから、気合を入れてないと圧倒されて終わるぞ」

ある先輩教官からはそのようにも言われていたのだが、研修を運営する側で参加してみると改めてその意味が分かった。業務命令だからこそ、上位階層の人ほど「何かをお土産として社に持って帰らなければならない」という責任感から、真剣な眼差しで研修に取り組んでいるのだ。

ただ、社に戻れば部下をたくさん抱えるポジションの管理者でも、最初は先輩教官が大きな声を出すように促してもなかなか声が出ない。そういう時に先輩教官が一喝する。

「大きな声を出しなさい！」

先輩教官も研修に集まっている管理職の人たちに比べると随分若く、まだ30代といったところなのだが、壇上から鋭く指摘すると、管理職の人たちもそれに呼応する。さすが管理職まで昇進した人たちで、いざ大きな声を出すとなると、周囲を引き込むような声を出す。それが連鎖し、最初からは考えられないぐらいの雰囲気に研修が変わってきた。

研修は10人程度で班を作り、与えた集団行動の課題を班ごとに競争させる仕組みで進む。これは少工で鍛えられた私の得意分野でもあったので、興味深く見ていた。管理職と一言で言っても、参加年齢には幅がある。大体課長クラスの人が集まるのだが、会社の規模によって40代そこそこだったり、定年間近だったりするのだ。定年間近の60歳近くになると、人はやはり反応が鈍くなる。集団行動でも遅れてしまい、他の班員の足を引っ張ってしまうことになる。それでも、誰も手を抜こうとはしない。班員といっても、その研修限りの関係だ。足を引っ張ったところで、来週になれば日常の生活に戻れる。しかし、会社からの業務命令で参加しているという使命感と、その会社の看板を背負っているからには中途半端なことはできないという矜持《きょうじ》が、この集中力を生んでいるのだろう。

これまでアスリートとして競技生活に没頭してきた私にとっては、この風景がすごく新鮮かつ驚きだった。

研修期間中は、朝礼で数人を指名して1分間スピーチを行う時間が設けられている。研修2日目の朝は各班担当の教官がほぼ脅すような感じで手を上げさせているので、朝礼を担当する運営教官も勢いのない挙手に、仕方なく何人かを指名している雰囲気。

「せっかく研修に来ているっていうのに、積極性が足りないですよね」

先輩教官に聞いてみた。

「そうか、お前は今回が初めてだな。まあ見てろ。最終日には違った様子になるから」

先輩教官はそう答えた。そして、その通りになった。元々参加者は真剣。最初は周囲の様子を伺いながら行動していたものの、先輩教官の指導の下、声を張り上げ、班ごとに規律ある行動をとっているうちに、全体に変化が見られるようになってきた。3日目、4日目と進むうちに、運営教官が希望者を募ると同時に挙手する人が増えてきた。

「教官、私にみんなの前でスピーチをさせてください」

そんなことを言いながら挙手する人まで現れた。挙手の仕方も、目立とうとはしているものの誰もふざけた雰囲気ではなく、真剣そのものだった。指名を受けられなかった人の中には、スピーチの時間が終わった後、泣き崩れている人までいる。それだけ集中してやっているという証左だった。

初めての管理職研修が終わった。少工の先輩もいるのだから自分に向いてない仕事でもないだろう、という軽い気持ちで入った会社だったが、なかなか衝撃的な光景を目にした4日間だった。これまで失敗と再チャレンジを繰り返してきた私にとって、人を鼓舞してやる気を出させるというインストラクターの仕事は割と向いているように感じられた。とにかくこの会社で頑張って、まずは先輩教官と同じスキルを身に付けたいと思った。

教官になるためには社内の規定があり、最初は助教という見習いから始まる。この時点では、雑用程度のサポートしか行うことができない。その後、班を受け持って参加者の指導や全体で受講する課目の講義ができるようになって、教官になるというシステムだった。通常は助教から教官になるのに1年から2年かかるという。まずは一刻も早く教官になり、一人で壇上に上がって指導できるポジションになるのが目標になった。

日本を代表して世界で戦いたい

こうして仕事に真剣に打ち込むようになったのだが、四六時中仕事のことばかりを考えていたということはない。三重に来たことで、カヌーとの接点もあり、近くにレスリングの強豪校があったので、刺激を求めて通い、高校生とスパーリングをしたりしていた。

仕事の方は、努力の甲斐あって、通常1年から2年かかると聞かされていた教官に半年でなることができた。教官になれば、これまで以上に研修に深く関わっていくことができる。一人で壇上に上がり、自分より年上に人たちに対し、私はよくこう言った。

研修風景

「なぜもっと熱くなれないんですか？」

業務命令で来ていて、真剣さはあるものの、それを表に出すのが恥ずかしいのか行動で示すことができない人が多いように思っていたのだ。一歩踏み出す勇気がないから、大きな声も出せないし、土壇場で「まあそこまで真剣にやることもないか」という甘えも出てきてしまう。私も相撲部屋から中途半端に逃げ出し、カヌーへの挑戦で2年かかってようやく自信を取り戻すことができた。その時期を振り返りながら、自分よりも年上の人たちに訴えていたのかもしれない。

そんなある日、研修を終えた自分の父親ぐらいの人から、手紙をもらった。

（前略）研修所の教育基盤である知・徳・体の人づくりを十分に再認識し、国際競争に打ち勝つべく創意工夫を重ね、久居研修所精神を吹き込みたいと思います。教官の熱誠の溢れた言葉の一語一句に胸奥《きょうおう》の潤うのを覚えて心から感激の他ございません。（後略）

手紙にはそう綴られていた。自分の話した内容で、ここまで人に何かを感じてもらうことができるのか。この仕事の影響力をまざまざと感じ、もっとスキルを磨いていきたいと思った。しかし同時に、それ以上のもっと強い感情が心の奥からふつふつと湧き上がってくるのを感じていた。

「俺は他人にこんなに偉そうなことを言えるほど、自分が熱くやり切ってきたのか」

就職をしてまだ1年足らず、1988年の春だった。私は、カヌーを2年やり切ったことで、現役アスリートとしてはやれることはすべてやったつもりでいたのだが、実はそうではないのではなかろうか。年上の社会人の人たちへの研修を繰り返すにつれ、その思いが頭から離れなくなっていた。

しかし、アスリート生活に戻るといってもアテがある訳ではなく、就職したばかりの会社をすぐに辞めるということも考えにくかった。嫌な仕事ならまだしも、この研修のスキルは身に付けたいと思っていた。とりあえず仕事は辞めずに今まで通り続けながら、結論が出た時にはすぐに行動できるよう、体力の維持には努めることを決めた。

幸い、1週間勤務して1週間休みというようなサイクルの生活だったため、トレーニングの時間は取りやすい。研修所に缶詰になっている時でも、少工での生活と同様に空き時間に腕立て伏せやスクワットなど、できることはある。

この階層別基本研修のインストラクターという仕事は私の性に合っていたのだろう。会社でも高い評価を受けていた。しかし、この春で25歳になった。気づけば20代半ばである。もう、アスリートとしては若くはない。そう思った時、まだ間に合ううちに現役生活に戻りたがっている自分がいた。2年間のカヌー挑戦でやり切った気持ちになっていたが、実際はそうではなかった。年上の社会人の人たちと日々触れ合ううちに、そのことに気付いてしまったのだ。

やり切ったと思っていたカヌー挑戦だが、何が足りなかったのか。振り返ってみた時に思い当たったことは、結果を追い求めなかったということだった。カヌー挑戦はマイナスだった人生をプラスマイナス0のフラットな状態に戻し、社会に出ていくための通過儀礼のようなものだった。社会に出て成功することが目標なら、それでよかったのだろう。

しかし、私が求めていたものはそうではなかった。アスリートとして、どんな形であれ、世間に認められるだけの成績を残したかったのだ。それが私の心の奥に眠っていた熱い気持ちだった。しかし、私は今この熱い気持ちを現実にするために何も行ってはいない。そんな私が、このような気持ちを抱えたまま、インストラクターとして働き続けることは正しいことなのだろうか。

仕事は仕事として割り切り、スキルを身に付けるという目標もあったので変わらず一生懸命取り組んではいたが、もやもやした思いが消えないまま、休みを利用してトレーニングを続けるという生活を送っていた。しかし、いつまでもこんな状態ではいけない。私は、競技生活に戻るとして、一番やり残して気がかりになっていることは何かということをよく考えてみることにした。

やり残したことが何かと言われると、それは結果を残せなかったことだ。ただ決めた期間を頑張るのではなく、その期間の中で目に見える結果が欲しい。ではその結果とは何か。私の考える結果とは、アスリートとして競技生活を続けてきたからには、一度は日本代表になって海外で戦いたい。「日の丸」を背負って、日本を代表して世界で戦いたい。それが私の考える結果だった。

しかし、現在の私は会社員の身。できることは限られている。この状況の中で新しい競技に取り組み、一から技術を習得していくのは難しい。となると、これまで経験してきたレスリング、相撲、カヌーの中から一つ選んで再挑戦するのが近道だろう。

まず除外されるのは相撲だ。アマチュア相撲というのもあるにはあるのだが、私のイメージする日本代表というのとは違っていたし、私にとっての相撲というのは日本相撲協会の興行、プロとしての大相撲のことだった。となるとレスリングかカヌーになる。レスリングは、それまで高校生相手にスパーリングをしていたが、体重は私より軽いものの日本選手権にも出場している先生にスパーリングをお願いするようになった。三重県代表で国体にも出場して、それなりに手応えを感じ始めていた。

家族との和解と新たなる決意

年が変わり、1989年になった。新年早々天皇陛下が崩御され、時代が「昭和」から「平成」に変わった。「平成」という元号はまったくピンとこなかったが、私もこの年を節目の年にしよう。そう決めて、時間を見つけてはレスリングの練習に取り組んだ。

6月、私は全日本社会人選手権に出場することにした。この大会で上位入賞すれば国内最高峰の大会である全日本選手権へ出場できる。勝って弾みをつけたい。そう考えてのことだった。しかし、そううまくは進まなかった。私はこれまでのレスリング、相撲、カヌーへの挑戦の中で左肩関節と腰にダメージを負っていて、慢性的な痛みを抱えながら競技生活を続けていたのだが、その古傷の痛みが大会中に発症してしまったのだ。順調に勝ち上がり、次はいよいよ決勝戦というところまで来ていたのだが、腰の痛みが耐えきれないものになってしまい、決勝戦は棄権することにした。

「レスリングはもうやるな、ということなのかなあ……」

薄暗い病院の廊下で、私は頭を抱え込んでしまった。元々、三重県内では国内トップ選手と戦うための練習を行うには、スパーリングパートナーが不足しているという問題があった。このまま三重県でレスリングを続けても、未来は切り開けない。違う道を探さなければならなかった。

レスリングの大会に出る前には、私の家族に対する心境にも少し変化があった。会社に入り、一応のところはきちんと社会で働いている。相撲部屋から逃げ出し失望させたままだった両親にも一度会って、現状を伝えておきたい。そう思うようになり、意を決して嬬恋村の実家を訪れることにした。

「あれからカヌーに挑戦して、ようやく落ち着いて仕事をしているんだ」

「そうか、よかった。ちゃんと社会でやっていけてるんだな」

私の近況を聞いた父は、静かにそう言った。その後は、久しぶりに実家で食卓を囲み、両親とゆっくり話をすることができた。5年もの間音信不通で、両親は私のことを忘れようとしていると思っていた。しかし、やはり両親は変わらず私のことを心配してくれていた。勇気を出して報告に来てよかった。そう思った。

本格的な現役復帰を模索しながら、仕事は仕事として割り切って過ごす日々が続いた。この頃には、静岡県の下田研修所で勤務する機会も増えてきたため、三重に住まなくてもよいという状況になっていた。両親と和解したこともあり、私は三重の家を引き払い、嬬恋村に住まいを移すことにした。

1989年秋、入社して2年余りが経った頃、所長から教官全員へ問い掛けがあった。

「実は、インドネシアで採用選考を兼ねた研修の依頼があるが、誰か希望者はいるか？」

「はい。私が行きます」

突然、インドネシアでの研修の話が舞い込んできた。11月に10日間、インドネシアへ工場進出する会社の研修を行うという話だったのだが、私は本能的にこれは自分がチャレンジするべきだと思った。それまで外国に行ったこともなく、ましてや仕事でとなると初めて尽くしの経験だった。インドネシア語どころか英語も満足に話せないが、これはいい経験になると思い、インドネシア行きを希望した。

インドネシアで行うのは、日本企業の現地工場で採用する人への研修だった。これから工場を開設するのに当たり、現地人の採用も兼ねて、規律を重んじる日本のやり方にマッチする人材を研修の中で見つけ出してほしいという依頼だった。具体的には、何百人と集められたインドネシア人に集団行動の訓練を行いながら、日本企業に合う人材を選別していくという内容だった。これまで経験のない研修内容なので戸惑いも多かったが、通訳が優秀だったこともあり、10日間で何とか成果を上げることができた。

帰国したら、すでに11月も半ば。新しい時代の幕開けだと感じていた1989年も、終わろうとしていた。

1990年になると、私も焦りを感じ始めた。春になれば私は26歳になる。夏になると入社から丸3年、もう社内では中堅社員のポジションだ。インストラクターの仕事自体には魅力を感じていたし、競技生活に復帰するという思いがなければ、このまま続けていたいとも考えてはいた。しかし、この生活を続けながら「日の丸」を背負うというのは無理がある。私は思い切って上司に相談してみることにした。

「実は、競技生活に復帰したいと思っています。しばらく休職して競技に専念するということはできないでしょうか？」

「うーん……。君の考えを尊重してやりたいんだけど、それは認められないな……」

休職して競技生活に専念し、終わればまた復職する。そういった都合のいいストーリーはやはり描けない。

ならばどうするか。私は一つの結論に達した。退職して退路を断ち、誰にも迷惑をかけずに、自分の力で道を切り開いていってこそ、「日の丸」を背負うに値するアスリートに

インドネシアでの研修風景

なれるのだ。会社を休職して、同僚たちに迷惑をかけながら競技を再開したところで、思うような結果など出せるはずもない。結果が出せる人は、結果を出すためのプロセスにもこだわっている。そのプロセスこそが「本物」だ。「日の丸」を背負うことで私は「本物」のアスリートになりたいのだ。自分の挑戦に対するリスクは、自分で背負わなければならない。そう決めると、心がすっと軽くなった気がした。幸い、嬬恋村に拠点を移したことで、ある程度預金もできている。また3年働いたのだから、失業保険もしばらくはもらえる。その金を頼りに、競技生活を再開しよう。

どの競技で「日の丸」を目指すのか。レスリングがだめとなれば残りはカヌーしかない。カヌーのセンスがあるとは思わないが、本気で専念すれば何とかなる自信はあった。甲斐さんに頼めば、戸田漕艇場でまた練習させてもらえるだろう。次の休みには久しぶりに戸田漕艇場を訪れ、甲斐さんに相談した。

「本気でやるんだな?」

「はい。仕事も辞めて、日本代表になれるように本気で取り組みます」

「そうか、また面倒見てやるよ」

甲斐さんは「仕方のない奴だな」と言わんばかりに笑顔を浮かべ、そう言ってくれた。これで私の心も固まった。続いて両親にも報告した。

「競技生活でやり残したことがあるんだ。一度は『日の丸』を背負わないとくすぶったままこの先生きていくことになる。仕事を辞めて競技だけに専念したいんだ」

黙って聞いていた父は、こう答えた。

「分かった。気が済むようにやれ。でも、ちゃんと期限は決めろよ」

父も同じ家で生活していると私のフラストレーションに感づいていたようで、大相撲入門の時のような反対はなかった。

最後に、会社にも辞意を伝えた。以前に休職して競技生活を再開したいと相談していたので、話は早かった。溜まっている有給休暇を消化し、8月末に退職することに決まった。これで、もう後には戻れない。カヌーで日本代表として、1992年にスペイン・バルセロナで開催されるオリンピックに何が何でも出場しなければならない。

1990年の5月が終わろうとしていた。バルセロナオリンピックまでは、残すところ2年余りの時期だった。

Note

「仕事の基本」

第４章では、２年間のカヌー挑戦を終えた後、一度は就職して社会人として生きる私の３年間を紹介しました。しかし、カヌー挑戦で一度は自分の人生をフラットな状態に戻し、競技生活を終えたと思っていた私の中に、また競技への思いが再燃してきたのでした。

なぜそうなったのでしょうか。そこには、この研修で教える「仕事の基本」が大きく影響します。もちろんこの章でも紹介したように、研修に参加する方たちから刺激を受けたことが大きいのですが、結果を出すための方法が自分なりに分かったのです。

仕事の基本とは「規律」「マネジメントサイクル」「チームワーク」の３つです。

組織やチームにおける「規律」の在り方、仕事を進める上で欠かせない「マネジメントサイクル」、「チームワーク」における他者との関わり方、これらを理解の上に実践できるかが大切です。

規律では他律と自律の違いを学びました。

他律とは、他人の意思、指示、命令を理解して従うことです。学生時代の部活動などで、指導者の言うことを理解し、練習に取り組むというのは、この他律に当たります。ただ言われることに従うのは「盲従」と言って他律のレベルではありません。

一方の自律とは、自ら進んで行動することです。自律と一言で言っても、①意欲、②意識、③行動の3つのステップがあります。意欲は動機付け、意識は行動を起こす前の思考、行動は実際のアクションです。それぞれのステップは人によって傾向があったり、クリアするためのコツがあったりするのですが、この自律は自己成長をするためになくてはならないものです。

このように言うと、最初からしっかり自律できれば、他律は必要ない要素ではないかと多くの人は考えます。しかし、それは違います。ベースのないところでどんなに行動を起こしても、それは単に自分勝手なだけです。環境を受け入れることは自分がステップアップするためにも必要なことです。私の大相撲での失敗はこの他律ができていなかったことも一つの原因です。

まずは他律が土台となって、その上に自律があります。

例えば、野球部で試合に出るチャンスがなかなかつかめないという補欠選手が、指導者から「毎日1000本素振りをしなさい」と言われたなら、まずはそれに従うのがいいでしょう。会社員の場合なら、上司から与えられる業務をまずはきちんとこなすところから始めなければいけません。

もちろん何も考えずにただ指示に従う盲従はよくありません。素振りをするなら、どのコースをどの方向に打ち返すか、自分で考えてイメージしながら素振りしなければ成果は上がりません。単に言われるがままバットを振るだけでは、自律に向けての土台も育ちません。指示されたことを理解して行うことが他律では重要です。

仕事の進め方では、マネジメントサイクル（PDCA）の中で「計画（Plan）」が重要です。私は「準備力」と言っていますが、計画の5段階は結果を出すために必須のプロセスです。

①目的の把握　②目標の設定　③情報の収集・処理　④行動方針（やり方）の列挙と選定　⑤手順を定める

この順番で思考すること。各段階での理解は奥が深く、私自身の仕事の進め方や競技への向き合い方に影響を与えました。

目標設定ひとつ取っても、ポイントは具体的、数量的であるか。少工の1年生の時に与えられた目標は「オリンピックの金メダル」、具体的で期限も大会を決めさえすればはっきりします。漠然と「強くなりたい」では目標とは言えません。

また、目標設定は自律のステップにおける「意欲」につながります。モチベーションがなかなか持てない人はより近くにゴール（目標）を定めましょう。今日1日で何をどこまでするのか、午前中には……、そんな感覚で大丈夫です。慣れてきたら1週間、1カ月のゴールが設定できるようになります。

私の失敗例でいうと、2年間のカヌー挑戦です。目標設定で期限は決まっていますが、どこまでというレベル（難易度）があやふやなまま取り組んでいます。これではよい計画は立てられません。そして、結果も出せません。

ただ、この目標は何のために目指すのかという、いわば最終ゴールである目的は明確でした。「人生をフラットに戻す」ことが目的でしたから、このゴールにたどり着くことはできたということです。
スポーツの目的は「勝つ」ということだけではありませんので、カヌーを通して人生を再生したかった当時の私の目的は間違ったものではありません。

もう一つ、計画の5段階では目標を目的（最終ゴール）へ繰り上げると中間目標であったり、やり方がよりはっきりと見えてきます。私の場合、最初の計画は、目的（最終ゴール）が「できたという感覚を手に入れること」、目標（具体的なゴール）は「カヌーでバルセロナオリンピック出場」です。これを次の思考では、目的を「オリンピック出場」、目標を「代表選考会で2位以内」とするような考え方です。

ここまで読んだ読者の方の中には、「あれ？　オリンピックに出場したのは、ボブスレーで冬季オリンピックじゃなかったっけ？」と思う方もいるでしょう。お察しの通りです。私の人生は、なかなかうまく進まないものなのです。ここまで不退転の決意で競技生活に戻りながらも、まだすんなりとはいかず一波乱待ち受けているのです。

5章

日本代表を目指して

土壇場のチャレンジ

ラストチャンスにかける27歳

会社を退職し、預金と失業保険で食いつなぎながら、カヌーでオリンピックを目指すことにしたものの、次のバルセロナオリンピックまでは残り約2年。選考会に出場し、日本代表としてオリンピックに派遣されるという手順を考えると、実質残り1年半程度しかなかった。この短い期間で、効果的に実力を上げて結果を残さなければならない。有給休暇の消化期間中に嬬恋村から再び戸田に引っ越し、練習できる環境を整えたのだが、もう一つ決めなければならないことがあった。前回のカヌー挑戦時に取り組んだカヤックに再挑戦するのか、それとも今度はカナディアンで挑むのか。

「今回はどっちをやるんだ？」

甲斐さんに相談に行った際にもそう聞かれたが、実はすでに答えは決まっていた。

「カナディアンでいきます」

そう、きっぱりと答えた。甲斐さんは意外そうな顔をした。

「大丈夫か？　カナディアンはカヤックより難しいぞ」

甲斐さんが心配するのも無理はない。前回の挑戦時に、私の不器用さは嫌というほど見ている。しかし、私にはカナディアンでなければならない理由があった。

「カヤックだと、たとえ日本選手権で結果を残せても、オリンピックに派遣してもらえるかどうか分かりません。その点カナディアンは、井上さんがいるおかげで力を見せつければ日本代表としてオリンピックに派遣される可能性が高いと思います。今回はカナディアンで挑戦しようと思います」

ずっと考えていたことだった。井上さんというのは井上清登さんのことで、ロサンゼルス、ソウルのオリンピックへ２大会連続で出場し、ロサンゼルスのシングル５００《メートル》では６位入賞を果たした国内トップの選手だ。井上さんが世界のトップクラスと戦える実力を持った数少ない日本人選手だったため、カヤックよりカナディアンで結果を残した方が日本代表として世界選手権、そしてオリンピックに派遣される可能性が高いと踏んだのだ。

カナディアンの練習を始めてみると、やはりカヤックより難しかった。しかし、さすがにカヌー自体には慣れていたので、５年前に初めてカヤックに乗った時のように、水の上でバランスも取れないということはなかった。

片膝で立って、シングルブレードのパドルで自分の片側だけ水を掻いて真っすぐに進む、というのは想像以上に技術が必要だったが、まったくの素人ではなかったことが功を奏し、短期間で大会に出られるレベルにはなることができた。

1990年の8月を迎え、もう2年後には、バルセロナオリンピックが開幕している時期だ。新聞やテレビも、2年後のバルセロナオリンピックに向けて有力選手の紹介などの記事を掲載したり、特集を放送したりということが目に付き始めた。そういうものを見ると、私は焦燥感を覚えた。「もう世間は次のオリンピックに向けて興味を持ち始めている時期なのに、まだ勝負の土俵にすら立てていない……」。アジア大会の代表選考会準決勝まで進んだといえば聞こえはいいが、まだ私の上に何人もの選手がいる。前回、前々回のオリンピックを考えてみても、カナディアンの日本代表として大会に派遣されたのは井上さん含め数人だけだ。このままでは、「頑張ったけど惜しかったね」と言われてしまう結末が待っている。今回だけは、それではダメなのだ。

そんな私の焦りはどこ吹く風で、朝日新聞の記者から取材の申し込みがあった。レスリングのオリンピック候補でありながら大相撲に転向し、さらにはそれも辞めてカヌーを始めたあげくに競技生活から引退したはずだった男が、また自分の仕事を辞めてまで競技を再開したと聞き、興味を持ったのだそうだ。確かにこう聞くと、無茶苦茶な経歴である。仮に私が新聞記者であったなら、当然面白がって取材に行くはずの経歴だった。

「どうしてレスリングで期待された選手だったのに、大相撲に転向したんですか？」

「いやあ、相撲の方が面白そうだったんで……」

「その相撲も、どういった理由で辞めてしまったんですか？」

「うーん、部屋内の人間関係に悩んで疲れてしまって……」

取材に来た記者に次々と質問を受けたが、なんとも歯切れの悪い返事をしてしまった。

そして最後に、こう聞かれた。

「バルセロナに向けての手ごたえはありますか？」

この質問には困ってしまった。

「皆が皆できる限りの努力をしたと仮定したら、あとは持って生まれたものの勝負になるのかなと思います。自分はこれまで、その領域に行く前にレスリングも相撲も辞めてしまっていたので、自分の持って生まれたものの量が分からない部分があるんです。今回は、それを知りたいと思っています」

バルセロナに必ず行きます、とはとても言えない心境だったので、素直に今の心境を語った。記者は何度か頷いた後メモをとり、「ありがとうございます」と言ってペンとノートをしまって帰っていった。後日、8月10日の朝日新聞朝刊に記事が掲載された。

『代表めざし　こぐカヌー』

見出しは大きく、このようになっていた。

『〝日本一〟のラストチャンスにかける二十七歳。土壇場で、大きな星をつかめるか』

記事はこのように締めくくられていた。中身を読んでみると、概《おおむ》ね好意的に書いてくれている。全日本カヌー連盟の専務理事のコメントも紹介されており、それによると「素質的にはよいものがあり、努力次第ではバルセロナで活躍できる選手だ」という。何だか体がむず痒くなった。私の挑戦を好意的に受け止めてもらえていて、それは非常にありがたい話なのだが、自分自身の感覚としては、「俺は本当にバルセロナに行けるのか？」という疑心暗鬼というか暗中模索というか、そういう心境だった。

代表めざし こぐカヌー

異色キャリア アマレスから大相撲入りの山崎選手

十月に全日本選手権を控えたカヌー界に、珍しい男がいる。レスリングのグレコローマン100キロ級のソウル五輪メダル候補と言われながら、一九八四年、突然大相撲入りして世間を驚かせた山崎良次さん(二七)だ。

「結局、中途半端なんですよ。何をやっても、とことんまでやりきれなくて……」と、山崎さんは照れくさそうに笑う。185センチ、体重は相撲取り時代より10キロ減って85キロ。鍛え抜かれた体は、「ウルフ二世」と言われた入門当時と全く変わらない。

レスリングで将来を有望視されながら「自分のからだで稼いでみたくて」入った相撲界だが、厚いカベにぶつかり八カ月で廃業。「運動しかない男が、それを失った」。半年後、「何とか自分の力で立ち直りたい」と自衛隊の少年工科学校時代からの恩師・服部秀雄氏に相談し、紹介されたカヌーを始める。

年上の人 頑張る姿に発奮

一九八七年の全日本選手権に出場して一時中断、現在勤めている「東京経営センター」に入社し、いろいろな会社の研修の教官をする。充実した毎日だが、「研修に来る、私よりずっと年上の人が、ぎりぎりの状態に自分を追い込んで頑張っている姿に接するうちに、私はこのままでいいのか、と思い始めた」。

「競技生活に戻ろう」

半年前、約二年半ぶりに再開。からやり直そうと、以前やったカヤックではなく、カナディアンを選んだ。五月に行われたアジア大会選考会では、準決勝敗退だったが、確かな手ごたえはつかんだ。

「どんな競技でも、最大限の努力をしたら、後は、持って生まれたものの勝負だと思う。私は今までやり切る前にやめてしまったから、自分にどれだけの力が秘められているのかを知らない」。だからこそ「今度は、自分自身を最高の状態にまで引き上げたい」。

当面の目標は「全日本選手権で良い結果を出し、強化選手になること」。全日本カヌー連盟の細谷悦哉専務理事は「素質的には良いものがあり、努力次第ではバルセロナで活躍出来る選手だ」と期待を寄せる。回り道の末、〝日本一〟のラストチャンスにかける二十七歳。土壇場で、大きな星をつかめるか。

朝の、練習に励む山崎選手＝埼玉・戸田漕艇場で

朝日新聞　1990.8.10

氷上のF1・ボブスレーとの出合い

世間の好意的な受け取り方とは裏腹に、私自身は少し勢いを失ってしまっている、そういうギャップを感じ始めていた。

そうは言っても、もはや会社も退職して後戻りもできない中、今さら逃げ出すことなどできない。私は何としてでも、カナディアンで日本代表にならなければならないのだ。幸い仕事を辞めて競技一本に絞って生活していたため、昔とは違って朝、夕の2回毎日のように戸田漕艇場で練習することができた。

そういう日々を送っていると、同じように戸田漕艇場に練習に来ている選手たちとも大体顔見知りになってきた。その中の一人、脇田寿雄君とは、いつしか水上だけではなく、陸上でのウエイトトレーニングなども一緒にやる仲になっていた。いつものようにウエイトトレーニングに励んでいたある日、脇田君に聞いてみた。

「そういえば聞いたことなかったけど、どうしてカヌーを始めたの?」

「いや、実はボブスレーをやっていて。2年前のオリンピックにも出ているんです」

驚いた。いつも一緒にカヌーを漕いでいた脇田君は、私の目標である「日の丸」をすでに背負った経験があったのだ。

「夏はボブスレーに乗れないんで、こうしてカヌーの練習をしているんですよ。トレーニングにもなるし、夏季オリンピックにもこれで出場できたらいいなあって」

私も嬬恋村という、スケートが盛んでどちらかというと冬季オリンピックに親しみがある田舎に生まれ育ったにもかかわらず、雪上や氷上の競技には疎《うと》かった。「ボブスレーって何だ？」、そのことばかりが頭の中を巡る。そんな私の様子に感づいたのか、

「ボブスレー、どんな競技か知ってます？」

脇田君が質問してきた。

「ごめん、聞いたこともなかった」

正直にそう答えると、脇田君は「そうだろうなあ」という笑みを浮かべながら、説明してくれた。

ボブスレーとは、鉄製のシャーシに樹脂製のカバーを付けた専用のソリを押して乗り込み、氷を張ったコースの上を滑ってタイムを競い合う競技で、氷上のF1とも呼ばれてい

るという。2人乗りと4人乗りの2種目が行われており、全員でソリを押して乗り込んだ後は先頭のパイロットがハンドル操作を行うのみで、後ろに乗った1人あるいは3人の選手はレース中、頭を下げてコーナリングの際の圧力や振動にひたすら耐えるのみ。そしてタイムとは関係がなく、ゴールをした後のソリを止めるのが、最後尾に乗るブレーカーの役割ということらしい。脇田君はカルガリーオリンピックにはブレーカーとして出場したが、次の1992年のアルベールビルオリンピックには、パイロットとして出場するのを目指しているということだった。

「タイムを競う競技なんで、ブレーカーはスタート時のソリを押すのにスピードとパワーが必要なんです。どうですか？　ボブスレー、やってみませんか？　それだけのパワーがあれば、向いていると思いますよ。合宿に参加できるように手配しますよ」

「いやあ、ありがたいけどカヌーに集中したいしなあ。遠慮しとくよ」

これが、私がいずれ取り組み、オリンピックにも出場することになるボブスレーという競技との初めての出合いだった。とは言っても、まったくピンとこなかったし興味も持てなかったので、この時点では出合いと言えるかどうかは怪しいのだが……。

脇田君とはその後も水上、陸上問わずよく一緒に練習するようになった。相変わらず頃合いを見ては

「どうですか？　ボブスレーをやってみる気になりましたか？」

そう誘ってくれたが、私はカナディアンに懸けていた。他の競技に色気を出して、どちらもおろそかになることは避けたい。そう考え、いつも断っていた。

ボブスレーを始めることはなかったが、カヌーではお互い一人乗りのシングルだけではなく、二人乗りのペアでも一緒に代表を目指そうという話になっていった。

バルセロナオリンピックが開催されるのは1992年の7月から8月にかけて。逆算していくと、来年1991年には日本選手権で上位入賞を果たし、選考の土俵に乗らなければならない。日本選手権が行われるのは、毎年秋。来年の日本選手権が本番にはなるのだが、今年の日本選手権でも決勝進出を果たし、弾みをつけるとともに日本カヌー連盟の強化委員会にもアピールしておきたい。意気揚々と日本選手権が行われる石川県小松市の木場潟カヌー競技場に乗り込んだ。

ところが、それだけ意気込んで挑んだ日本選手権は散々な結果に終わってしまう。まず1000メートルではスタート前に2度も水に落ちてしまい、レースにならなかった。続く500メートルでも、風が吹いている訳でもなかったのに練習中に水に落ちてしまい、岸まで泳いでたどり着くだけで疲労困憊、結局、思うような結果はまったく残せなかった。

仕事を辞めてすべてを競技だけに懸けて生活してきていたし、その思いに背くような生活態度ではなかったと断言できる。背水の陣で挑んでいるのでプレッシャーも当然大きいが、それに押しつぶされないだけの気概も持っていると信じていた。なのに、勝てない。

この中途半端な結果のままで競技をやめてしまうつもりは毛頭なかったが、預金もじりじりと減りつつある。預金残高が減っていくのを目の当たりにしながら競技生活を続けていくことは、想像以上にストレスがかかる。もしかしたら仕事をしながら日本代表を目指した方がいいのかも……。しかし、そうすると何のためにあえてこの環境をつくり出して挑戦を始めたのかが分からなくなる。自分の気持ちのやり場が分からなくなってきてしまっていた。

年末から、戸田漕艇場で脇田君の姿を見ることが少なくなった。冬場はボブスレーの方に集中しているのだろう。私は変わらず、朝夕と戸田漕艇場でカヌーを漕ぐ日々が続いた。不安だった。バルセロナオリンピックまで、あと1年余りという時期を迎えていたのに、日本代表に選ばれる算段がまったく立っていなかった。このまま競技再挑戦に失敗したら、どうしたらいいのだろう。恐らくその頃には預金も使い果たしている。

そのような恐怖心がむくむくと頭をもたげてくるのを抑え込むには、練習するしかなかった。体を動かしている時間は、少なくとも余計なことを考えずに済む。

ボブスレー日本代表合宿での驚き

オリンピックイヤー前年の1991年を迎え、春になると、脇田君もまた頻繁に戸田漕艇場に姿を見せるようになった。脇田君は、また私をボブスレーに誘った。

「今度6月にナショナルチームの合宿があるので、参加だけでもしてみませんか？」

以前なら、「カヌーに集中したいから」と断っていた誘いだった。しかし、私の心境にも変化が生じていた。私はカヌーには向いていない。他の競技で日本代表を目指した方が近道なのではないか。そう考えるようになっていた。これまでは、続けてきたカヌーで日本代表を目指すのが一番の近道だと思い込んでいた。しかし、本当はそうではなかったのではないか。基礎体力では他のカヌー選手に劣らないものがあることは分かっていた。それでも結果につながらないのは、水上でのバランス感覚が悪いからなのではないかと気づいていた。そして、それはこの年齢になると克服できるものではないことにも。

「面白そうだし、一度参加してみようかな」

脇田君に答えた。

「おっ、本当に？　じゃあ日程と場所、詳しく連絡しますから！」

こうして、私はボブスレーナショナルチームの合宿へ参加することにした。

ボブスレーの日本代表合宿だが、会場の仙台大学に着くなり驚くことがあった。6月に日本国内でどうやってボブスレーの練習をするのか、グラススキーのように山の斜面にコースが用意されているのか、と想像を膨らませていたのだが、案内された場所はグラウンドの隅にある平地だった。そこに、ランナーと呼ばれる刃ではなくローラーが付けられたボブスレーのソリがレールの上に用意されていた。あまりにも想像していたボブスレー合宿と違う。

「あの、これで何の練習をするんですか?」

恐る恐る聞いてみた。

「決まっているだろう、スタートの練習だよ。ボブスレーはスタートが命なんだ」

スタッフは、何を分かり切ったことを、と言わんばかりに答えた。

「スタートと言っても、この長さのレールで乗り込みの練習はできるんですか?」

しつこく聞いてみた。

「あはは、この距離で乗り込みはできんわな。押した後は自分で引っ張って止めてくれ」

スタッフがまた当然だろ、という表情で答えた。

「では、コーナーの練習は……?」

さらにしつこく聞いてみた。

「そのあたりは、実際に海外遠征に行って、コースに出てからになるな」

にわかには信じ難かった。合宿ではなく、選考会をクリアして日本代表に選ばれて海外遠征に出てから、実際のコースで練習することになるらしい。しかし、考えてみれば当たり前のことだった。冬季オリンピックの花形競技と言われるアルペンスキーでさえ、日本国内では通年で練習できるところなどない。世界を見渡しても、ヨーロッパの強豪国以外は似たような練習環境かもしれない。ボブスレーはその競技の特性上、スタートが速ければ優位に戦える。あとはパイロットの技術とソリの性能が勝敗を分ける。ローラーボブスレーはオフシーズンの夏に行う大事な練習だ。とは言え、レスリングでは先輩たちの厚い壁を経験し、カヌーでは水への恐怖心が拭えず悪戦苦闘していた私にとっては、競技の全容を経験することなく日本代表が選ばれているということは新鮮な驚きだった。

　実質スタートだけの適性で日本代表が決まってしまうということには少なからず衝撃を受けたが、よく考えるとその状況は私には有利なように思えた。ボブスレーのスタートは、2人乗りなら2人が、4人乗りなら4人が息を合わせておよそ50〜60メートルほどボブスレーを押しながら走って加速し、一斉に乗り込むのだ。この加速でソリの初速が左右される。押して一気に速度を上げるためには、止まっている重量物を動かすパワーとそれを加速させる走力が求められる。ボブスレーはコースの高低差で滑走中に加速度がつくので重い方が有利となるため、ソリと選手の合計重量は二人乗りで390キロ以下というように、ルールで上限が決まっている。体重の軽い選手が押す場合はソリ自体を重くするため、止まっている状態から動かす時は不利になる。つまり、体重が重くてパワーとスピードのある選手に適性があるということだ。私は向いているかもしれない。

早速ボブスレーを押してみた。思ったよりスムーズに動く。コーチからも「筋がいい」と褒められた。筋と言われても、ただ力いっぱい押しているだけなのだが……。何年もかけて技術を磨く必要があったレスリングやカヌーと比べると、どちらかと言えば身体能力頼りのスポーツのように思えてしまい若干しっくりこない部分もあったが、年齢的にもこれが私に残された時間で目標をクリアできる競技かとも思い始めた。

合宿期間中には参加者の体力的な現状を掌握するため、全員のコントロールテストも行われた。このテストは、身体能力を測定し、適性を判定するものだ。20メートル走・60メートル走・300メートル走・立ち5段跳び・ベンチプレス・スクワットの6種目で、各種目が点数化されていて、合計点数が高い選手がボブスレーに向いているとされている。

カヌーを始めてからも単純に早く走る、ＭＡＸ重量でバーベルを上げることなどは、本格的に練習していなかったが、このコントロールテストで当時の代表選手たちとそれほど変わらない結果が出た。９月に行われる今シーズンの海外遠征代表選手選考会は、このコントロールテストとローラーボブスレーの総合評価で決定されるそうだ。

海外遠征代表ということはシーズンを通して開催されるワールドカップ日本代表だ。

「ボブスレーの方がカヌーより日本代表に近い」

もはや日本代表に選ばれる展望が開けない状況となっていたカヌーは諦めよう。ラストチャンスとしてボブスレーに懸けよう。私の決断は早かった。

降って湧いたようなチャンス

ボブスレーで日本代表を目指す。降って湧いたような新たな挑戦に、私はまた生活のハリを取り戻しつつあったが、新たな問題が発生していた。

お金が無い。預金が底をつきかけている。このままでは、競技どころではなくなってしまう。仕事はしないで競技一本に懸ける。そう決めて競技生活に戻ることに決めたのだが、そうは言っていられなくなってきた。当然のことながら、私は仕事をするしかないという結論に至った。

仕事をするといっても、競技生活の邪魔にならないような勤務内容でなければならない。そんなに都合のいい仕事が見つかるだろうか。まず通勤が負担にならない場所ということで埼京線沿線を中心に転職雑誌をパラパラとめくって探していると、ある会社の募集が目についた。それは、商品先物取引員で、東海交易株式会社という会社だった。本社は名古屋なのだが池袋支店の営業社員を募集していた。私は先物取引のことはまったく分からなかったが、目を引いたのは次の一文だった。

『入社後、3カ月間は研修期間で講習のみ——』

この一文を読んだ時、「勉強だけなら仕事からのストレスがなく練習に影響しない」と直感した。証券会社や保険会社と同様に、商品先物取引の営業を行うためには、外務員試験に合格することと入社から3カ月経過していることが義務付けられている。研修中は、朝8時から夕方17時までの定時で業務が終わる。それなら、早朝と夕方からの練習も計画的に行える。最寄りの戸田公園駅から池袋駅までは20分、会社は駅から5分だ。3カ月の研修期間中に行われる日本代表選考会に通ったら、事情を話して辞めればいい。3カ月間の研修期間は座っているだけで給料をもらい、そのまま辞めてしまうことへの後ろめたさもあったが、代表になれば話題になるだろうし、社名広告になるので広告料と思ってもらえれば許されることだと考えていた。選考会がだめだったらそのまま普通に働けばよい。我ながらナイスアイデアだ。

私は早速面接に向かった。

「弊社を希望された理由は何ですか？」

「商品先物取引の仕組みに興味があります」

本当の理由である「駅から近い」とか「研修期間に魅力を感じて」ということはさすがに言えなかった。面接は無事に終わり、めでたく採用となった。いい加減な志望動機であったのになぜあっさり採用されたのか不思議だったが、営業職は出入りが激しく、商品先物取引業界は慢性的な人手不足であることを入社後に知った。

こうして私は1991年7月に東海交易株式会社、後に業界で初めて上場し、社名変更してグローバリー株式会社となる商品先物取引の会社へ就職することになった。

研修は順調に進み、同期で入社した仲間たちに加え、講師を務めていた平原信祐係長とも打ち解けた頃、雑談の中でボブスレー日本代表選考会の話をした。

「実は9月に仙台で行われるボブスレーという競技の日本代表選考会に出場するんです」

平原係長は若い頃、卓球を本格的にしていたこともあり、話に食いついてきた。

「え？　日本代表？　すごいじゃん！　ちょっと待ってね、本社にも伝えてみるよ」

平原係長は今の練習状況や見通しを聞くと、駆け足で去っていった。そして翌日、

「昨日の話だけど、本社から『それは代表になれば我が社の宣伝にもなることだから、しっかり準備をさせなさい』って。今日から15時に仕事を上がっていいぞ」

平原係長は興奮した面持ちでこう伝えてきた。驚いた。競技については何も話さずに入社し、選考会が日曜日に行われるからと雑談で話しただけなのに、支援してもらえることになるとは思ってもみなかった。しかしここは、ご厚意に甘えさせてもらうのが吉だ。

「ありがとうございます！　頑張ります！」

「成り行きで降って湧いたようなチャンスだけど、すべてを懸ける価値がある」

自宅で風呂に入っていると、知らぬ間にそんな言葉をつぶやいていた。そう、これは正真正銘、アスリートとしての私の最後の挑戦になるだろう。

すべてを懸けて、このチャンスをものにしなければならない。そう思ってトレーニングに励んでいたら、あろうことかこの大事な時期に左大腿部を痛めてしまった。思うようにトレーニングができないジレンマと、できることをやるしかないという割り切った気持ちが交互に心を支配していく。だが、開き直るしかない。たとえ満足のいく状態で選考会に臨めなくても、それが私のスポーツセンスであり、実力なのだ。今は最善を尽くし、私のアスリート人生の集大成として選考会に挑む。それだけだ。

そして1991年9月22日、私の運命を決める選考会の日がやってきた。この日から2日間のテストで、日本代表に選ばれるかどうかが決まる。今回の選考会で選ばれる日本代表のメンバーは5人。しかし、そのうち2人はパイロット。パイロットは前回のオリンピックを経験している脇田君と竹脇直巳君でほぼ確定しているようなものだったので、残りの

３人のブレーカー枠をめぐり、集まった約１５０人が競い合うことになる。

選考会の１日目はローラーボブスレーで20メートルのタイム測定。結果は５位。マイナー競技ではあるが、オリンピックが近いということもあり、マスコミも多く集まっている。１日目を終えて宿泊先に到着すると持病の腰痛が出ないようにすぐに敷布団をベッドから外して床に横になった。左大腿部を冷やしながらひたすら体力の回復を促して明日に備える。とにかくあと１日だ。興奮して眠れないことも気にならなかった。

２日目はコントロールテスト。春のナショナルチーム合宿で受けた６種目（20メートル走、60メートル走、３００メートル走、立ち５段跳び、ベンチプレス、スクワット）だ。総合得点で４位だった。私の戦いは終わった。人事を尽くして天命を待つ。そんな気分だった。

ワールドカップ日本代表に選出

そして３日後。会社での研修中に電話がかかってきた。

「おめでとうございます。強化委員会で山崎君をワールドカップに参戦するボブスレー日本代表選手として選出することが決まりました」

電話口の向こうで日本ボブスレー・リュージュ連盟の人の声が聞こえた。

日本代表。その言葉の響きに思わず雄叫びを上げそうになったが、ぐっと堪えた。

「ありがとうございます。遠征に備えてしっかり準備します」

それだけ何とか伝え、電話を切った。嬉しい。その一言以外にない。最後の最後で、ついに「日の丸」を背負うという目標にたどり着くことができた。長かった。地団駄というのは、悔しい時に踏むものだと思っていた。しかし違った。あまりにも嬉しくて、その喜びを表現する言葉を持ち合わせていない時、人は地団駄を踏んで感情を表すのだと知った。池袋支店の外に出て、何度も何度も足を踏み鳴らした。通行人は気にならなかった。ようやく念願が叶い、「日の丸」の刺繍が入ったジャージを着て、海外遠征に行ける。今までの苦労がすべて報われた。

今回の日本代表への選出というのは、ボブスレーのワールドカップへの出場選手としての選出である。ブレーカーとして選ばれた私を含む3人は、年内のヨーロッパで行われるワールドカップ3戦の中で行われる選考で1人が脱落し、パイロットの2人を合わせた計

4人のみが来年2月にフランスで行われるアルベールビルオリンピックに派遣されるという段取りになっている。つまり、オリンピック出場にはもう一段階選抜試験があるということになる。オリンピックにはもちろん出場したかったが、私が競技生活を再開するに当たって立てた目標である「日本代表」は、この時点で達成した。「できた」という思いで胸が一杯だった。相撲部屋から逃げ出した後にカヌーを2年間やり切った時とは比べ物にならない達成感を味わっていた。

私は早速、服部助教と甲斐さんへ電話し、競技生活を再開するに当たり退職した職場の元上司や研修後に手紙をくれた研修参加者たちなど、お世話になった方々へお礼の手紙をしたためた。

今は、長い間胸につかえていたものが取れた思いと、やっと『JAPAN』と刺繍されたジャージを身に着けられる喜びが交錯しています――

そしてもう一つしなければならないことがあった。それは、今勤めている東海交易（後のグローバリー）への報告だった。勤めているとは言ってもまだ研修期間中で、入社当初は代表に選ばれたら退職するつもりだった会社だったが、選考会へ臨む時点ですでに支援してもらえていた。ただ、いざ代表となると2カ月も海外遠征に出なければならないため、さすがに在籍を続けるのは難しいだろうとは思っていた。代表選手として海外遠征に参加するための自己負担金30万円は父に借りるしかないだろう。

私は最初にボブスレーの話をした平原係長へ相談してみた。

「正式に日本代表としてワールドカップに参戦するメンバーに選ばれました。ただ、年内は遠征で出社することができなくなりますけど、どうしたらよいでしょうか？」

「すごいな！　よかったな。本社に連絡するから、ちょっと待ってなよ」

平原係長は早速名古屋の本社に連絡してくれた。結果、本来は営業部門の採用であったが、練習環境をつくるために内勤部門へ配属を替えてくれ、遠征の自己負担金も会社が出してくれた。さらに遠征中も業務扱いにしてくれることになるなど、最大限のサポートをしてくれることになった。当初の予定と違い、退職する理由は何一つなくなった。これは私にとって嬉しい誤算だった。

レスリング国体V→大相撲序ノロ準V→カヌー全日本4位…そして

ボブスレーの異色の五輪候補 山崎

来年2月のアルベールビル五輪で初の入賞を狙う日本ボブスレー界に力強い助っ人が登場した。代表候補に選ばれた山崎良次（28＝東海交易）はレスリング国体王者、大相撲序ノロ準V、カヌー全日本4位の経歴を持つ超人選手。ボブスレーを始めてわずか3カ月で全日本五輪候補メンバーに決定。きょう18日に初戦となるW杯カルガリー大会（31日開幕）出場のためカナダに出発する。

すごいパワー

山崎のケタ外れのパワーが日本ボブスレー界を震かんさせた。今年9月、仙台で行われた五輪1次予選の時だ。一般応募選手ながらベンチプレス、60㍍走など六つのテスト種目をすべて上位でパスした。特にベンチプレスでは130㌔を軽々と持ち上げ満点を獲得。全日本メンバー6人中4人を抑えて総合4位に入る超人ぶりを披露した。

ボブスレーは約200㌔の鋼鉄製のソリで山腹を滑走しタイムを争う。競技の性質上スタートでソリを押す力が勝敗を大きく左右する。カルガリー五輪で20位と低迷している日本ボブスレー界にとって山崎のパワーは大きな魅力。「スプリントのフォーム、筋力は素晴らしい」と、久保重人全日本監督（33）も絶賛する。

経験わずか3カ月
W杯できょうカナダへ出発

人並み外れた運動能力の秘密は過去のスポーツ歴にある。横須賀の少年工科高でレスリングを始め、国体で81㌔級フリースタイルで優勝した。1984年（昭59）3月には大相撲湊部屋に入門。同年7月場所に「香石」のシコ名で序ノロ6戦全勝、優勝決定で敗れたものの「ウルフ二世」と呼ばれ将来を嘱望されていた。厚いカベにぶつかり3場所で廃業したが、85年から は知り合いの勧めでカヌーを始め、86年には全日本4位に入賞。すべての競技でトップ選手に君臨した。

ボブスレーを始めたのは今年6月。4月に行われたカヌーの全日本選手権でコースアウトして失格。「なんとかスポーツで成績を残したい」と、友人の紹介で転向した。

競技歴はまだ3カ月だが10月の札幌合宿で付きっ切りで指導した久保監督は「相撲、レスリングで養ったパワーとカヌーで学んだバランス感覚が役立って覚えは速い」。

現在28歳。決して若くはないが「まだまだ長野五輪（98年）まではやりますよ」と、情熱は衰えていない。きょう18日にカナダに出発、31日のW杯カルガリー大会で初戦に挑む。「今回がスタートだと思ってます」。山崎の氷上の猛ダッシュが見ものだ。【首藤正徳】

㊤カヌー全日本4位の記録を持つ山崎は大相撲力士（㊦）として1年間活躍し序ノロで準優勝したこともありパワーは抜群だ

♣山崎良次（やまざき・りょうじ）　1963年（昭38）4月17日、群馬県嬬恋村出身。自衛隊体育学校卒業。現在は東海交易で営業を担当している。父保邦さん（61）母善子さん（59）兄徹さん（30）弟邦男さん（26）の5人家族。185㌢、88㌔。

ボブスレー　19世紀後半にスイス・アルプス地方で考案された。山腹の斜面に造られた氷のコースを鋼鉄のソリで滑走。時速120㌔にも達する猛スピードで100分の1秒を争うスリルに富んだ競技。二人乗りと4人乗りがある。競技会の多い東欧、スイス、ドイツ、オーストリア、イタリアが圧倒的に強い。

◆マルチ選手メモ　カルガリー五輪のボブスレー米国代表として米NFL（プロフットボール）の人気WR（ワイドレシーバー）ワイリー・ゴールト（31）が出場し話題になった。日本ではスピードスケートの橋本聖子（27）がソウル五輪に自転車で出場した。

長野五輪組織委会長に斎藤氏

1998年長野冬季五輪組織委員会の会長に、経団連名誉会長の斎藤英四郎氏（79）が就任することが17日決まった。

斎藤氏は1911年（明44）生まれ。新日鉄社長、経団連会長などを歴任して、財界の重鎮として活動。

アイムソーリー A級トップ

日刊スポーツ 1991.10.18

夏から秋はカヌーのシーズン。当初の想定では今頃はバルセロナオリンピックに向けて必死に舟を漕いでいるはずだったが、なぜか10月末から始まるボブスレーの遠征に備えてトレーニングを積んでいる。運命とは不思議なものだと改めて思ったが、今の私は紛れもないボブスレー日本代表選手。念願の「ＪＡＰＡＮ」の刺繍が入ったジャージも届いた。じっと眺め、たたんでは広げることを繰り返していた。ついにこのジャージを身に着け、海外遠征に出る時が来たのだ。興奮を隠しきれなかった。

そして10月末、今シーズンのボブスレーワールドカップ初戦が行われるカナダ・カルガリーへと向けて出発した。日本ボブスレー・リュージュ連盟には資金が潤沢にある訳ではなく、カルガリーへは監督やコーチは帯同できないということだった。さらにブレーカーで選ばれた一人は学生で自己負担金も出せないことから選手４人のみで戦うことになる。初の海外遠征に胸を躍らせて飛行機に乗り込んだが、当然エコノミークラスなので席が狭い。私は身長１８５センチ、体重は87キロという大きな体を縮こませて座り込んだ。これまで長時間飛行機に乗った経験と言えば、東京経営センターで勤務している時のインドネシア研修ぐらい。レスリングで痛め、もはや慢性化してしまっている腰痛と戦いながら、何とかカルガリーにたどり着いた。

ホテルは2人部屋だった。同部屋となったのは宇佐美英樹君。春の合宿で初めて出会ったのだが、宇佐美君は大学在学中に陸上競技からボブスレーに転向し、大学卒業後もボブスレーを続け、日本代表として、ワールドカップや世界選手権の出場経験はある。しかし、オリンピック出場経験がなく、私より一段上の目標をもって働きながら競技を続けていた。境遇が私と似ていたためか、すぐに意気投合した。

「2人で一緒にオリンピックに出られればいいな」

就寝前には希望を語り合った。

初めての海外遠征

大会前の公式練習初日を迎えた。普段は練習で緊張することなどないのだが、この日だけは違った。私にとっては、初めて本物の氷のコースで、実際のボブスレーのソリに乗り込み、ゴールまで滑走する日なのだ。しかも、公式練習の時間帯は夜だった。スタート地点からコースを見ると思った以上に急な斜面で、ジェットコースターの最高地点に登った時と同じような気持ちになった。ここで初めてボブスレーのソリに乗り込み、そしてゴール後にブレーキをかけてソリを止めなければいけない。ソリを押して飛び乗る、というところまではイメージができていた。しかし、ブレーキをかけるタイミングが分からない。コースではヘルメット着用なので視界も狭いし、そもそもレース中に周囲を見渡す余裕がないかもしれない。ブレーキはソリに着けられたブレーキレバーを引くことにより、てこの原理でブレーキの歯の部分が氷と接し、氷を削りながら減速するという仕組みだ。コースの中では氷を著しく傷つけるためブレーキをかけることは禁止されている。不安だったので、パイロットとして日本代表に選ばれていた脇田君に頼んだ。

「ゴールしてブレーキをかける時は、タイミングを教えてくれよ」

「了解」

ヘルメットを被った頭で、後方に座る私にコツコツと軽く頭突きをするような形でタイミングを教えてくれるという。私はまだ不安感をもちながら、初めての滑走に挑んだ。

「最初はゆっくり押して乗っていいですから」

「分かった。よろしく頼むよ」

走るどころではなく、動き出したら怖くてすぐに乗り込んでしまった。ボブスレーでは誰か1人でも乗り込みに失敗すれば、その時点で失格になる。第一段階はクリアだがこれでは加速が遅れる。続いて滑走中。と言ってもハンドル操作を行うのはパイロットの仕事なので、ブレーカーの私は頭を下げて、コーナリング時にかかる上からのG（重力）に負けないように踏ん張るだけ。だと思っていたのだが、これが思いの外キツイ。ボブスレーの時速は、最速120キロを超える。ソリの揺れも思ったより激しい。ヘルメットを被り、頭を下げて踏ん張っているとは言っても、揺れとGで頭や肩がソリの機体にゴツンゴツンと打ち付けられる。痛い。何とか耐えながらふんばっていると、前に座っている脇田君が頭をコツコツと打ち付けてきた。ブレーキのタイミングだ。思いっきりブレーキレバーを引くと、ガリガリガリガリという轟音と共にソリが減速し始めた。ソリから降りて確認すると、ソリをコースの外へ出す地点から10メートルくらい過ぎて止まっていた。オーバーランはランナーを傷つけると脇田君に注意された。こうして私のボブスレー初滑走は終わった。

「これがボブスレーか……」

「思った以上にスリルあるでしょ?」

「コーナーの数も全然数えられないよ」

脇田君は笑顔だが私の顔は引きつったままだった。この日は合計2本乗ることができたが、大会までの3日間でしっかりと押して走ることができるのか不安を残したままだった。しかし、カルガリーにまで来て、帰りたいとは言えない。


海外遠征は、初めてのこと尽くしだった。レース前には、全チーム集まってのキャプテンミーティングがあるのだが、これは当然英語で行われる。私は英語が得意ではない。

「俺、英語なんて話せないよ」

「大丈夫、それは僕たちが慣れているから。なんとなく分かれば大丈夫ですよ」

ミーティングは脇田君たちパイロットが担当してくれるという。安心したが、それとは別にブレーカーには大変な作業があった。コースに着くとソリをスタート地点に移動させるのはブレーカーの役割だ。これが大変だった。ソリは2人乗りでも200キロ、4人乗りだと300キロ近くにもなる。これを移送するトラックへ乗せたり、降ろしたりして運ぶのはキツイ力仕事だ。パイロットはコースを下見しながらイメージトレーニングをしているので手伝ってくれない。氷上の競技なので会場は当然気温が低く寒い。ウォーミングアップを入念にするのだが、レース直前もソリを自分たちでスタート地点へ移動させるため、この時間で冷えてしまい、コンディショニングが難しい。

他にも、レース前日は「ランナー磨き」と呼ばれるソリの下に付ける刃を磨く作業があるのだが、サンドペーパーの番手を徐々に上げていきながら1時間以上の時間をかける。これはパイロットも含めて選手全員で行った。ただソリに乗るだけではない、ボブスレーという競技の本当の姿に触れたワールドカップ初戦だった。

カルガリーでのレースを終え、一度帰国したが、2戦目以降はヨーロッパで行われるため、時差ボケの抜けないまますぐにドイツへ向かった。ここからは監督とコーチ、ブレーカーも一人加わって、ヨーロッパを転戦する。年内にあと3戦を滑って、その時点でアルベールビルオリンピックに出場する4人に絞り込まれる。年が明けて1992年になったらワールドカップの残り2戦へ出場し、帰国せずに五輪会場のアルベールビルへ乗り込むというスケジュールだ。

年内に行われたヨーロッパでのワールドカップ3大会では、公式練習の最終日にブレーカーを入れ替えてスタートタイムの比較が行われた。スタートはパイロットも一緒に押すため、ブレーカーの正確な比較はできない。実際のタイムもどんぐりの背比べだ。大会ごとに増す緊張感の中で選考は繰り返された。

私はというと初めての海外遠征、疲労もピークでコンディショニングが難しくなってきていた。ただ、ここまで来たらやはり選ばれたい思いは強く、最後まで全力で選考のかかる公式練習には臨んだ。ブレーカーとして参戦しているのは3人。若い対馬文紀君は大学生だがジュニアクラスでの経験もあり、やはり勢いがある。チームのバランスを考えると私か宇佐美君が外れるのでは……。そしてその予想は現実のものになった。年末にオリンピックに出場する4人が発表された時、私が選ばれ宇佐美君が選考から漏れてしまった。

私自身はアルベールビルオリンピックに出場できるのだから、その意味では嬉しかった。しかし、最初にワールドカップへ出場する日本代表選手として選ばれた時ほどの喜びは感じなかった。私の目標は「日の丸」を背負うこと。そういう意味では、ワールドカップに参戦できている時点で目標は達せられていたし、オリンピックに出るということは、ボーナスステージのようなものだ。

後になってやはりオリンピックに出ていることと日本代表を経験しただけでは世間からの見られ方が違うことを知ることになるが、この時は連戦の疲労感もあり、ほっとしたというような気持だった。それよりも、慣れない海外遠征でここまで頑張ってくることができたのは宇佐美君がいてくれたからという部分もあったし、オリンピックに一緒に行きたいと思っていたので、宇佐美君が選考漏れしてしまったことには複雑な思いが残った。

夢の実現・オリンピック出場

オリンピックイヤーである1992年を迎え、遠征前の忙しい日が続く中で、出身地の嬬恋村鎌原地区で私のために壮行会を開いてくれるということで田舎へ慌ただしく帰ることになった。壮行会は気持ちのこもった準備で盛大に開催され、小学生の時にソフトボールで一緒に頑張った友人たちも来てくれた。

この壮行会の前、家には親戚が集まっていて、何か挨拶で話せということになり、ここまでの顛末とこうして挨拶ができるまで持ち直したことを話すと、台所で母親が隠れるようにして泣いていた。この時ばかりはオリンピックに出場できてよかったと心から思えた。

再び海外遠征へ出ると、あっという間にワールドカップ2戦を終え、その足でオリンピックが開かれるフランスのアルベールビルへと乗り込んだ。アルベールビルはフランス東部、スイスやイタリアとの国境に近いアルプス山脈の麓にある街。レスリングに取り組んでいた頃に与えられた「オリンピック」という目標がこういう形で達成されるとは、不思議な感じがした。「オリンピックよりも世界選手権の方が、レベルが高い大会であるべきなのに……」という、オリンピックに偏った報道や世間の見方に対する違和感を持ってはいるが、この時は実際に自分が出場するということもあって、この華やかさではオリンピックを上回る大会はないのではという気持ちになっていた。もちろん出場するからには全力で一つでも上の順位を目指すつもりではいたが、同時にオリンピックの雰囲気も楽しみたいという思いも心の中に浮かんでいた。

しかし、私のそんな気持ちとは裏腹に、大きな誤算があった。ボブスレーが行われるのはメインスタジアムがあり選手村が設置されているアルベールビルではなく、そこから南東に30㌔程度離れたラ・プラーニュという街だった。しかも、アルベールビルオリンピックは2月8日から23日まで開催されるのだが、私が出場する予定になっていた2人乗りは15〜16日に、4人乗りは21〜22日に実施され、公式練習の日程もあるため、大会期間中に他の競技を観戦したりすることはできない。ただ、開会式と閉会式は参加できそうだ。ここではなんとかオリンピックの雰囲気が味わえそうだ。

だが、開会式は辛いことだらけだった。まず、実際の開会式は2時間程度で終わるものなのだが、入場の1時間前には会場入りして待機しておかなければならない。待っている間は暖房の効いた室内ではなく、屋外での待機になる。寒い。防寒具を着込んでいても、顔が痛い。そして入場が始まると、どこにも行けない。開会式が終わるまではトイレにも行くことができないのだ。オリンピックの雰囲気を楽しむというよりは我慢比べに参加しているような気分になったが、何とか無事に開会式への参加を終えた。思った以上に体に堪《こた》えた。メダルが期待されている有力選手が開会式を欠場する、という話は聞いたことがあったが、その気持ちがよく分かった。

いよいよ自分たちのレースが始まった。最初は脇田君と組んで出場する2人乗りからだ。お互い、調子は悪くなかった。オリンピックのボブスレー競技は2日間で4本滑り、その合計タイムで競い合う。1本目は、思いの外調子よく滑ることができた。タイムは1分1秒22で、25か国・地域から出場していた46チームの中で19位につけた。悪くない。続く2本目も1分1秒65。タイムこそ若干落ちたが、順位は各チームの2本目の中では18位の記録だった。手応えを感じていたものの、そこからはあまり伸びなかった。2日目に行われた3本目、4本目共に1日目よりタイムを落とし、結局総合順位は19位。わずかながらも狙っていた入賞も遠かった。竹脇君と対馬君の日本チームも苦戦し、総合順位は21位だった。

「仕方ない。気持ちを切り替えて、4人乗りに挑もう」

2人乗りが終わった日、監督から言われた。そして迎えた4人乗り。自分たちの実力は出せたとは思うが、スイスやドイツ、オーストリアといった強豪国が叩き出すタイムには遠く及ばず、20か国・地域から参加した31チーム中、17位という順位でアルベールオリンピックでの競技日程を終えた。

帰国して会社への報告や選手団の公式行事を終えると嬬恋村へ帰った。嬬恋村で胸を

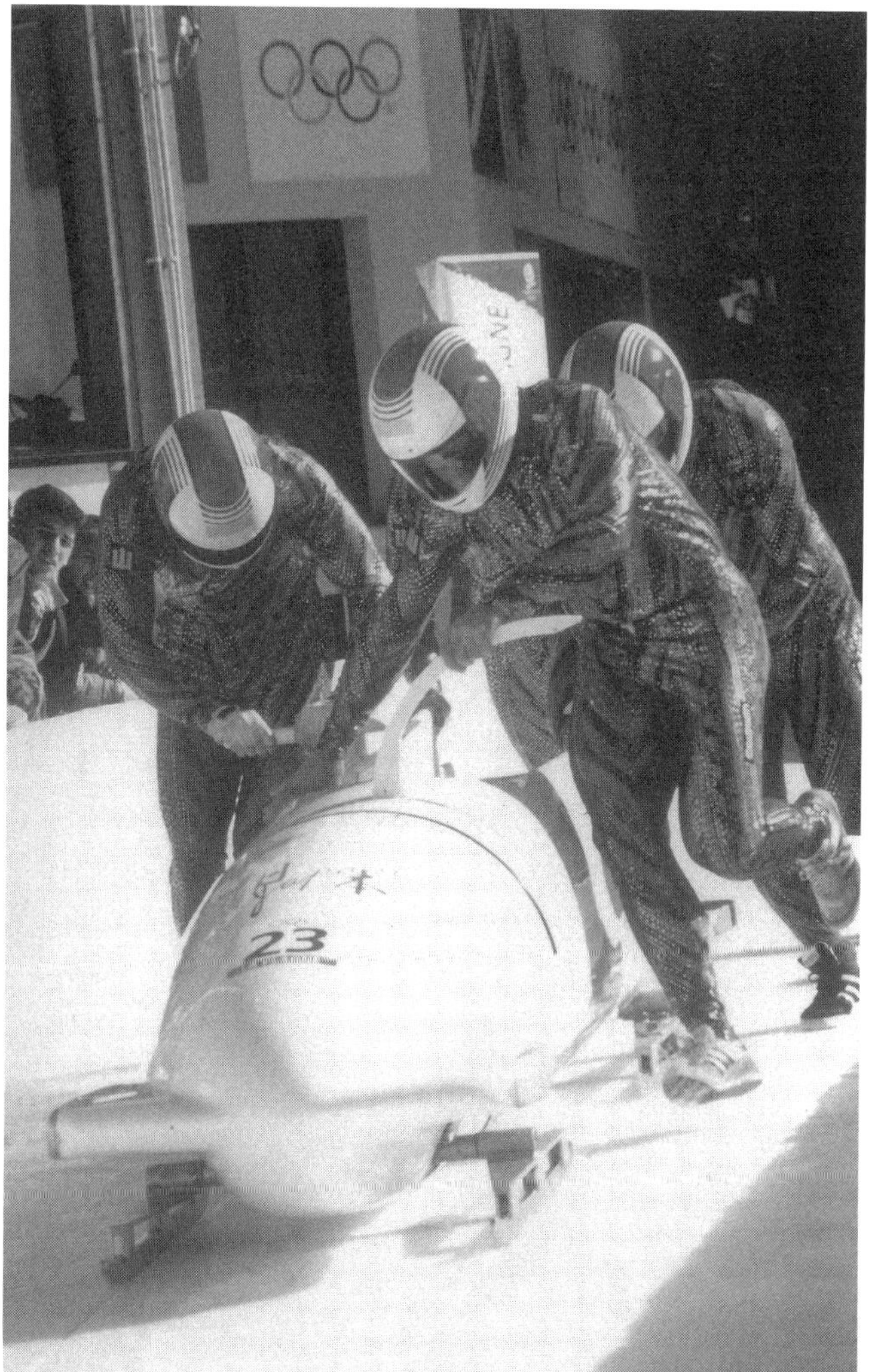

アルベールビル五輪　※左端が著者

張って歩けるのはいつ以来だろう。村中で注目された大相撲の世界から逃げ出し、就職して和解することはできたものの、両親に肩身の狭い思いをさせてしまったという後悔は消えてはいなかった。父親と一緒に役場へ行き、応援に対してお礼の挨拶をした。オリンピックの後、シーズンの試合が残っているスピードスケート銀メダリストの黒岩敏幸君はまだ帰国していない。

「主役はまだ遠征中です。前座で参りました」

軽口で挨拶する息子を傍らにいる父親は優しい眼差しで見ていた。

少工時代にレスリングを始めてから、13年弱。何度も失敗し、その中で両親とも関係が断絶することもありながら、続けてきた競技生活だった。振り返ってみると、我が事ながらとても格好いいストーリーと言える代物ではない。しかし、失敗しながらもそこで諦めずに次の道を探し続けることで、こうして日本代表という目標を達成し、おまけのようにオリンピックにも出場できた。

私のアスリート人生は報われた。ようやく、そう感じることができた。

Note

「分を超えた目標」

お待たせしました。ようやく私が競技生活再開に当たって目標に掲げた「日の丸」を背負うということを、ボブスレーという競技で実現できたのでした。

競技生活を再開し、カヌーのカナディアンに挑戦し始めたのが１９９０年６月、ボブスレーの日本代表として選出されたのが１９９１年９月、そしてアルベールビルオリンピックに出場したのが１９９２年２月。競技生活再開後は、こうして年月だけを追っていくと非常にスムーズに進んだように見えます。

しかし、ここまで読み進めた方々にはお分かりだと思いますが、この期間中に私はカヌーのカナディアンで「日の丸」を背負うことを断念せざるを得なくなり、ほぼ成り行きの中で出合ったボブスレーという競技で何とか「日の丸」を背負うことができたというのが実情です。悪い言い方をするなら、ボブスレーを選んで何とか最終的に辻褄《つじつま》を合わせたということになります。結果的に「日の丸」を背負うことができたのだからこれでよしと考えることもできますが、何が結果オーライに結び付いたのかを振り返りたいと思います。

競技再開前、26才の頃に私はこんなことをメモで残していました。

〜〜〜〜〜〜〜〜〜〜

トータルはゼロだ。

自分の生き様の中で、お互いの関わりの中で、それぞれプラスとマイナスはある。ゼロでなくなった時、つまりバランスを崩した時に、うまくいっていた関係が壊れたり、自分の中に不安が募ったり、やりきれなさを味わったりする。

お互いの関わりにおけるバランスとは、例えば、親が苦労した分、子供が成長できてゼロ。これは自分がかけたエネルギーに対して対価を求めるのではなく、発想を相手から出発させて、受けている愛情や期待に対してどう応えるかを考えるべきだ。

周りから過分な愛情を受けて育つことを否定することはない。ただ、そこでバランスが取れている、つまり当たり前だと錯覚しないことだ。過分なところを次の世代や周りへ還元するバランス感覚が必要だ。

自分の中でのバランス感覚というのは、プラス要素は目標達成などの成果や遊び、甘えなどで多くは瞬間的なこと、マイナス要素は努力や工夫、節制などのアプローチのことで、これらが相まってバランスがとれていくということだ。

何かに対して何かをする必要があるとか、何かあったので何かしたい、或いはしないといられないなどという感覚は誰もが持っている。

1日のストレスを酒を飲んでゼロにする。

1週間の疲れを週末の旅行でゼロにする。

起きた問題に対し、知恵を絞り、ぶつかっていってゼロにする。

一つの試合のために努力、節制をしてゼロにする。

プラスが幸せや喜び、マイナスが不幸で辛いことだということではない。望むとか望まないにかかわらず色々なバランスがあってゼロに向かうということである。

考えなければいけないことは自分を成長させることであって、自分に対する充電や成長の要素はマイナスの中にあるということを知ること。

自分に負荷をかけることはできれば避けたいと思うことが多いが、発想を変えて、必ず巡ってくるマイナスに対し、自分から能動的にあたれば、そのこと自体の受け止め方も違ってくる。

例えば、長い目で自分の継続していることを見てみると、プラス要素を考える楽しみが出てくるし、充電中である自分の状態に満足をおぼえたりするものである。

こういう時は余裕があり、今まで許せなかったことが許せたりもする。

つまり、自分のためにゼロを利用するということは、いずれ清算されることなのだから、自分からマイナス要素にぶつかっていくべきだということである。

借金をして物を買うような考え方は、自分を成長させない。

なぜなら、そこには「まだ足りない」「もっとやらなければいけないのではないか」というような、未知の部分を探ろうとする要素が何もないからだ。

また、時間的なことをいうなら、人生の多くの時間はマイナス要素で費やされ、プラスは瞬間的なものである。従って、後ろ向きな発想でマイナスにあたっていては、本当に楽しく、満足度の高い人生は歩めない。

そして、大きな目標を達成するためにはお互いの関係におけるゼロを利用しなければならない。一つの目標に対し、努力、忍耐、或いは知恵を絞ったからといって、必ずしもそれは清算される（達成される）ものではない。本来、このゼロにはランクがある。従って、自分のでき得るすべてのマイナス要素を動員して叶わないのであれば、他者からのプラスを受けなければ清算する（達成する）ことができない。

自分の中にバランス感覚をもっている人はこれがなかなかできない。しかし、大切なことは、分を超えた目標を掲げた時に、周りとの関係性に考えが及ぶかだ。

〜〜〜〜〜〜〜〜〜

私は研修の仕事を通じて刺激を受けて競技復帰を決意しました。ここにもすでに他者が存在し、最後のボブスレーへのチャレンジに際しては、友人、トレーナー、会社など、周りに支えられていました。この支えを受けることに対して、以前の私であれば、結果としての関係性に感謝はしたでしょうが、今回は目標達成に必要なことなので自分から関わろうとしていました。

失敗続きの競技生活の終わりに「日本代表」は分を超えた目標であったはずですが、それが達成できた一番の理由は周りの存在です。

これまで服部助教や甲斐さんたちをはじめ、様々な出会いによって私は支えられ、どうにか結果を残すことができました。「出会い」自体は偶然かもしれませんが、その「出会い」を引き寄せる力というのは確かにあると私は感じています。それを、身をもって味わってきました。

私はこの後、もう少しだけ競技生活を続け、引退後は裏方としての挑戦を始めることになります。

競技生活を終えた後の私の人生も、様々な人や物事との「出会い」によって支えられていくことになるのですが、なぜそのような「出会い」を引き寄せることができたのか。その部分について、次章では詳しく見ていきたいと思います。

6章

再び五輪へ

裏方のチャレンジ

スポーツ部の創設

アルベールビルオリンピックを戦い終えて帰国し、報告会などへの出席も終わり、生活が落ち着いてきた。「日の丸」を背負うという目標は達成した。競技生活の一区切りとはなったが、すぐに現役を引退しようとは考えていなかった。ボブスレーのワールドカップは毎年行われるし、通常冬季オリンピックは夏季同様4年に一度の開催だが、次にノルウェーのリレハンメルで行われるオリンピックは、少し事情が異なり、隔年開催に変更するため、2年後の1994年に開催されることが決まっていた。リレハンメルオリンピックへの出場を目指すかどうかはまだ考えていないが、今年の秋から始まるボブスレーのワールドカップには、また出場したいと何となく考えていた。

そうなると、まず考えなければならないのは仕事をどうするか、ということだった。今の職場に所属しながら競技生活を続けられればベストだ。幸い今の職場は私の競技生活に理解を示してくれ、オリンピック出場まで支援をしてくれていた。

「まだ競技を続けたいのですが……」

すると会社からは、

「好きなだけやりなさい」

簡単に私の競技継続は承認された。しかも、共にオリンピックへ出場した脇田君の競技支援環境がなくなることを伝えると同じ支援条件で雇用してくれるという。

このありがたい話から私は調子に乗って、会社へさらなる相談をしてみることにした。ボブスレーの選手たちは、みんな仕事と競技の両立に苦労している。しかも間が悪いことにバブルが弾けた影響が国内のあちこちで見られるようになり、これまで企業に所属しながら競技活動を続けられていた他競技の選手たちも、契約を解除されたという話をちらほら耳にするようになってきた。もし会社がスポーツ活動を重視してくれているのなら、私だけではなくスポーツ部の創設という形をとって、仲間たちの受け皿にもなってくれないだろうか。私は陸上競技部とボブスレー部の創部に関する企画書を作成し、名古屋の本社に送ってみた。

すると、拍子抜けするぐらいにあっさりと陸上競技部とボブスレー部の活動が認められてしまった。これで私もこれまで以上に大手を振って競技活動を続けることができる。入社は偶然ではあったが、私にとっては現役引退後のスポーツ活動まで見通しが立つ状況になった。

練習を継続した結果、1992年秋の選考会でもまたワールドカップに出場する日本代表選手として選ばれることができたのだが、すでに経験したステージでは感動するわけもなく、淡々と海外遠征に向けて準備を進めた。出場した2シーズン目のワールドカップは、当然全力で戦いはしたのだが、やはり気持ちが高まってはこなかった。

この頃になると、アルベールビルオリンピック後から頭の中にもやもやと浮かんでいた考えが、形になるようになっていた。それは、競技生活から退き、選手をサポートする立場で新しいチャレンジをしたいという考えだった。競技生活で得られた喜びや感動、悔しさをコーチやスタッフといった立場でも、選手だった時と同じように得られるのか。熱くなれるのか。それこそが私が取り組むべき新たなチャレンジだと思っていた。

そう思うようになった背景には、ある「出会い」が大きく影響していた。時は遡ること1991年の夏前。私がカヌーを諦めてボブスレーへ挑戦しようと決めた頃だった。

その頃、レスリングの頃からの持病だった椎間板《ついかんばん》ヘルニアや肩の腱鞘炎《けんしょうえん》を発症し、十分なトレーニングができなくなっていた。カヌーの練習でもカナディアンの場合は片方だけを漕ぐことから左右の動きが偏ったものとなり、余計に体のバランスは崩れる。痛くて水上での練習があまりできず、陸の上でのトレーニングをするしかない日が続いていた。そんな時、脇田君が声をかけてくれた。

「そんなに痛いなら、同郷の先輩で凄い腕をもった先生がいるから紹介しますよ」

藁《わら》にもすがる思いで、その話に乗ることにした。

脇田君が紹介してくれたのは、東武伊勢崎線の草加駅前にある「古谷施術院」というところだった。古谷真人院長は法政大学を卒業した後に施術の修業を始めたとのことであった。私は古谷院長に症状を伝えた。

「椎間板ヘルニアだって？　何回か通えば大丈夫。肩が痛いのは今日にでもすぐ治るよ」

体のバランスを整えてもらうと、実際に肩の痛みは消えた。

「すごい！　何でですか？」

驚いた。私は自分の体のことは自分が一番知っていると思い込んでいたのだが、そんなことはなかったのだ。レスリングや大相撲で私は股割りという足を広げる動作が周りの人よりできず、このことから私は「体が固い」と思い込んでいた。しかし、古谷院長は私の関節は緩く、もっと締めるようにしないと故障もしやすいし、パフォーマンスも上がらないと言う。古谷院長は治療だけではなくアスリートのトレーニングの指導も行っているそうだ。次から次へと聞きたいことが出てくる。トレーニングのことを質問すると、私の練習内容を聞きながら、古谷院長ははっきりと言った。

「腹筋なんかしちゃだめだよ。速く走りたいなら背筋をしっかりやりなさい」

なぜ屈筋や単関節のトレーニングが悪くて、どういうトレーニングをすればパフォーマンスが上がるのか、そんな話を理論的に熱く語ってくれた。

私は約10年、それなりに本格的なトレーニングを続けており、やってきたことに対する自負もあったが、古谷院長にそれらをほぼ全否定された。しかし、一つ一つ検証されると「なるほど」と思わざるを得なかった。私はこの時、とにかくパフォーマンスが上がらずに困っていた。古谷院長こそ「最後の頼みの綱」だ。これまでやってきたことにこだわらず、古谷院長の指導を受けようと決めた。

新たなる目標

振り返って考えてみても、ボブスレーへ挑戦する時にお金がないこともあったが、就職をして働きながら挑戦を続けようと決断できたのは、古谷院長の指導によるところが大きい。以前は「日の丸」を背負えるほどのアスリートになるためには仕事をしている余裕などなく、一日中トレーニングに明け暮れないといけないと思い込んでいた。

しかし、そうではなかった。考えのないオーバーワークは故障の原因になる。トレーニングに時間をかければいいという訳ではなかったのだ。そのことに気付き、昼間に仕事をしながらでも朝夕に効果的にトレーニングを積むことができれば十分成果は上げられると確信し、それが就職をすることにつながったのだ。

ボブスレーでの成果は古谷院長との出会いから始まっていると言っても過言ではない。私にとっては服部助教、甲斐さんに続き、第三の恩師とも呼べる存在になっていった。ボブスレーの海外遠征中に体の調整で困った時も、古谷院長に国際電話をかけてアドバイスを求めるなど、絶大な信頼を置くようになっていた。

古谷院長との出会いによってもたらされたものは、トレーニングやコンディショニングに対する考え方の変化だけではなかった。古谷院長は私と知り合う以前から大学の陸上部でトレーナーを務めるなど多くのアスリートたちへの指導を行っており、卒業後も企業の陸上部に所属しながら古谷院長の元へ通っているアスリートも少なくなかった。

時はちょうどバブル崩壊後の過渡期、国内でもその余波があちこちで見られるようになり、私は幸運にも当時所属していた東海交易（後のグローバリー）でボブスレー部を立ち上げることができたのだが、他の多くの企業はそうではなかった。景気が悪くなってくると、企業ではまずスポーツ活動を縮小しようという動きになることが多い。古谷施術院へ通っていたアスリートたちも例外ではなく、「どこか転籍できる企業はないものだろうか」という相談が数多く寄せられていた。

古谷院長はそういうアスリートの相談を受けると、私に、

「何とか面倒見てもらうことはできないだろうか？」

このように打診してくるケースが何回かあった。全員は無理だったが、３人の陸上選手を引き受けることができた。そうなると、私も自分の競技生活より、ボブスレー選手と陸

上選手たちの活動をサポートしていくことがメインの立場になっていった。

このような状況から、私はすでに競技生活を続行する気はなくなっていた。ボブスレーという競技は、私に日本代表のジャージを着せてくれ、オリンピックにまで連れて行ってくれたという意味では感謝しかなかったので、恩返しをしなければならない。また、図らずもボブスレー部に加え、他にも陸上選手などを預かる立場になり、「裏方としても現役時代と同じような情熱で、選手たちと同じような達成感や感動を味わうことができるのか」ということがテーマになった。リレハンメルオリンピックが終わったら、次の冬季オリンピックは1998年に自国で長野オリンピックが開催されることが決まっていた。

「裏方としてボブスレーで長野オリンピックに出場しよう」

次の目標が決まった。

現役を引退すると、私は東京支社で仕事を行いながらボブスレー部と陸上競技部の活動をサポートしていくことになった。陸上競技のフィールド・トラック種目の選手にとってはバブル崩壊の余波があったが、ボブスレーはバブルとは関係なくそもそも競技環境などできないマイナー競技なのだ。その選手たちを引き取ったため、長野オリンピックへ挑むボブスレー選手たちの大半は東海交易のボブスレー部員という状況になった。

一方、会社は上場を控え、それまでの東海交易株式会社という社名から1995年にグローバリー株式会社に変わることになる。私は広報の重要度が高まっていると思い、自分と採用した選手の仕事をつくる目的もあって広報部門の立ち上げを企画書で提出した。タイミングもよかったのか採用され、東京支社で社内広報を担当することになり、選手は午前中に社内報の制作などの事務作業を行って、午後から練習に出るというパターンが定着した。私はというと、ボブスレーナショナルチームのヘッドコーチとして活動していくことも容認され、海外遠征も含めて、私の新しいテーマに全力で取り組める環境は整った。

長野オリンピックでの目標は8位入賞だった。これは競技団体として、その後の強化基盤をつくる上で外せない順位であった。

国際ボブスレー・トボガニング連盟（現・国際ボブスレー・スケルトン連盟）の規定では、ボブスレー競技においてはワールドカップなどの成績から4人乗り、2人乗りそれぞれ選手にポイントが付与され、そのポイントの合計で世界選手権やオリンピックへの出場資格が得られる。また、氷の上で行う競技であるため、氷が荒れていない時に滑る方が優位であり、滑走順を決める抽選もこの獲得ポイントでグループ分けされる。つまり、世界選手権やオリンピックへ出場して上位を目指すためにはワールドカップへの出場は必須であり、一発勝負でメダルを狙うなどということはあり得ない競技なのだ。

しかし、この頃の日本チームの状況はマイナー競技であるため、とにかく活動資金がない。助成金頼りであるため、シリーズ大会であるワールドカップに全戦出場することができず、選手へ高額な自己負担金を求めても半分くらい参戦するのが精一杯の状況であった。日本連盟にお金が無いとなると、グローバリーのような実業団チームに所属する選手は自己負担金を会社が出してくれるので問題ないが、学生や支援のない社会人選手は1年くらいなら無理して負担金を出せても、その後続けることは難しい。これでは上位を狙う継続的な強化などできようはずがなく、成績低迷の悪循環を繰り返すだけだ。

ここで重要になるのが長野オリンピックだ。当時の助成金制度はやはり結果主義で世界選手権やオリンピックの結果で団体ランクが決められていた。当時のボブスレーはCランク、これをBランクに上げる順位が「8位入賞」だ。地の利を生かし、ここできっかけを掴めば、翌シーズンからワールドカップへフル参戦ができると考えていた。

では、そのためにどうすればいいか。ナショナルチームのヘッドコーチという立場でいうと、選手を鍛えるということが王道になるのだが、ボブスレーでは毎年のように他競技の選手のトライアウトを行っていて、門戸を広げていた。有望選手のスカウトもボブスレーにおいては即効性の高い強化方法なのだ。かくいう私も、カヌーから転向した。実は陸上競技でグローバリーに迎え入れた選手の中には、並行してボブスレーに取り組ませる意図のあった選手が複数いた。

その中の一人に、中京大学陸上競技部出身でやり投げの選手だった中村康夫君がいた。中村君は大学時代からやり投げの有望選手で、実業団に所属しながら興味本位でボブスレーのトライアウトを受けに来た選手だった。トライアウトでは合格ラインに到達していたが所属企業から「やり投げとボブスレーを並行してやるのはダメだ」と言われたようで、私が「うちならどちらもやっていいよ」と勧誘したことで転籍してきた。

中村君もやり投げの選手だけあって体が大きくパワーもあり、ボブスレーの選手としても期待していた一人だったのだが（実際、長野オリンピックにはボブスレー日本代表として出場することになる）、当時の陸上競技界では一人の規格外の選手が注目を集めていて、私も目をつけていた。

室伏選手への打診

その選手の名は、室伏広治。「アジアの鉄人」と呼ばれたハンマー投げ選手・室伏重信さんの息子で、その後２００４年のアテネオリンピックでは金メダルを獲得するなどの大活躍を見せることになるのだが、この時からすでに国内では敵なしの存在、規格外の身体能力を誇っていた。その室伏選手は１９９６年当時、中京大学の４年生で、来春には卒業しスポーツ用具メーカーのミズノに就職し、競技生活を続行することが決まっていた。私はこの室伏選手にボブスレーをさせてみたかった。そこで思い付いたのが中村君だ。中村君は室伏選手の中京大学の先輩だった。

「中村、室伏選手にボブスレーに興味はないかって聞いてみてくれないか？」

「いいですよ、連絡してみますんで、ちょっと待ってください」

中村君は気軽に引き受けてくれた。数日後、報告があった。

「本人はやってみたいという意思があるようです」

これには色めきだった。なら、話は早い。しかし、物事には順序がある。室伏選手はハンマー投げというより陸上競技界の至宝だ。横からかっさらうような印象を与えてしまっては、いくら本人がやりたいと言ってもうまく話が進まなくなってしまう。私としては、冬場だけボブスレーに取り組んでもらい、それ以外はこれまで通りハンマー投げの選手として競技を行ってもらって構わないのだ。

そのことを父親の重信さん、日本陸上競技連盟、そして来春からの所属先となるミズノに理解してもらわなくてはならない。まずはそこの説得が先だ。重信さん、日本陸連、そしてミズノに足を運び、説明した。最終的には渋々ながらも、「本人がやりたいって言うなら構わない」という回答をもらうことができた。

これですべての準備が整った。あとは室伏選手にその気になってもらうだけだ。通常ならトライアウトに来てもらい身体能力を測定することになるのだが、室伏選手は別格だ。

練習に影響がない日を確認し、測定機材を抱えて愛知県の中京大学へ向かった

測定は、60メートル走やベンチプレスなど、コントロールテストと呼ばれる6種目だ。これまでも多くの有望選手を測定してきたが、室伏選手はこれまでの選手全員をしのぐスコアを叩き出した。圧巻だったのが「立ち5段跳び」だ。5歩分のジャンプを行うのだが、競技の三段跳びとは違って助走はなく、立って止まった状態から跳び始めて距離を測定する。このテストの記録は、通常は代表クラスで15メートル50センチ、よくて16メートル50センチ程度なのだが、室伏選手の記録は何と17メートル94センチ。これは尋常ではない数値だ。私はその場で、仙台大学で行われる日本代表合宿へ誘った。

「本当にすごいスコアだ。室伏選手が出てくれれば、ボブスレーも世界と戦えるレベルになる。まずは仙台大学での合宿に参加してみて、本格的に考えてくれないか？」

「分かりました」

これで第一段階はクリアだ。室伏選手はその言葉通り、秋に仙台大学で行った代表合宿にも参加してくれて、そこでローラーボブスレーを押して、ボブスレーという競技を疑似体感してもらった。次は、氷上のコースを滑ってもらって、「やれる」という実感さえ持っ

てもらえれば、出場も現実的になる。実際に年末は長野のオリンピックコースまで来て本物のボブスレーに乗ってもらった。当然ながら初めてで全力で押して乗るまでにはいかなかったが、それでもこれは日本チームの秘密兵器になると確信した。

しかし、室伏選手を海外遠征に連れて行くのは現実的に難しい。そこまでボブスレーのために拘束はできない。ここで私は室伏選手へ提案した。

「来年2月のプレ五輪として行われるワールドカップで4日間、次の年のオリンピック本番は4人乗りの1週間だけ長野に滞在してチームに合流してくれないか」

連盟内では色々な問題が起きるだろうがなんとかするつもりだった。

「少し考えさせてください」

その場で回答はもらえなかった。後日、正式に辞退の連絡があった。落ち込んだが仕方がないと思った。ハンマー投げという競技を極めようとしている選手であり、世界の頂点に立つ前に片手間でボブスレーに取り組むのはよくないと判断したあたりは、さすがに一流選手だ。

国産ランナーの開発

長野オリンピックに向けての強化は、選手発掘だけではなかった。ボブスレーという競技について考えた時に、選手の能力と同じくらいに大事になるのが道具だ。その中でもソリの下に付けられた「ランナー」と呼ばれる刃の部分でタイムは大きく変わる。当時の日本チームのランナーはヨーロッパ製のものを購入して取り付けるのが慣例となっていた。そうでなければレースで戦えないというのがボブスレー界の常識だった。しかし、本当にそうなのだろうか。日本の「ものづくり」の技術をもってすれば、ヨーロッパ製のランナーに勝るものが作れるのではないだろうか。昔からそうだが、私の行動は早い。考えが浅く失敗することも多いが、その行動力でこれまでも道を切り開いてきた。

私がまず連絡したのは、山形県で金属加工などを行っている株式会社白田製作所（現・プレファクト株式会社）社長の白田良晴さんだった。白田さんはカヌーに乗るのが趣味で、私が戸田漕艇場でカヌーに挑戦していた頃に知り合った。彼の仕事が半導体などの軸受けガイドレールの製作だったことを思い出し、相談に乗ってもらおうと連絡を取ってみた。

「いいよ、それならうってつけの人がいる。紹介するから山形に来なよ」

白田さんは快く話を聞いてくれ、人を紹介してくれるという。早速山形に向かうと、山形大学の助教授だという堀切川一男先生（現・東北大学大学院教授）を紹介してくれた。

「面白そうですね、ぜひやらせてください」

堀切川先生は、世界で戦える国産ランナーを開発するという私の突拍子もない申し出を面白がって聞き、快諾してくれた。

私はついでに、スタート時に選手が走り過ぎると乗り込む時にソリを減速させてしまうことが分かる装置をローラーボブスレー用に開発してほしいとお願いすると、当時助手だった西成活裕先生（現・東京大学先端科学技術研究センター教授）も加わって研究助成事業として実現し、選手は長野のオリンピックコース「スパイラル」内にある練習コースで1本押す毎に波形を見ながら自分の乗り方がどうだったかを確認できるようになった。

長野オリンピックに向けて自分のできる限りのことはやってやる。室伏選手の勧誘も、国産ランナーの開発やスタートの力学解析も、そのような思いから生まれた行動だった。

しかし、長野オリンピックのボブスレー競技は念願の入賞を果たせず、2人乗りは17位、

6章
再び五輪へ

山形大学にて　左から著者・堀切川先生・西成先生・白田社長

4人乗りは15位だった。原因は色々あったと思うが、一つ言えることは、私が抱いていたこの大会の位置づけと選手たちの頭にあった位置づけが一致していなかったということである。それに気付いたのは、皮肉にも競技が終わった直後だった。私はこの大会で入賞できないとこれから先の強化の道筋ができないという、連盟としては崖っぷちにあると思っていたので、15位という結果には呆然とするものがあった。しかし、競技を終えた選手たちはお互い肩を叩き合い、表情からは「やり遂げた」という満足感が窺えた。

ボブスレーという競技の未来を考えると、この自国開催のオリンピックで結果を残すということがどれほど大切なことであったかは、選手達には分かっているものだと思っていた。しかし、目標に達しなかったにもかかわらず、選手たちはレースを終えたことに満足してしまっているように見えたのだった。もちろん、選手たちには自分の持っている力を出し切ったという達成感があったことは理解できる。しかし、競技の未来を背負っているという自覚も持ってほしかった。それを伝えきれなかったのは、ヘッドコーチである私の責任だ。そういう意味では、私の裏方としての長野オリンピックへの挑戦は、残念ながら失敗に終わってしまった。

Note

「出会い力」

レスリングを通して生きる指針を示してくれた服部助教、右も左も分からないカヌー挑戦では仕事の時間を割いてまで関わり、裏方になってからも様々な相談に乗ってくれた甲斐さん。そしてトレーニングやコンディショニングについて、私に新しい世界を見せてくれた古谷院長。この人生における恩師とも言える方々との出会いをはじめ、これまで、レスリング、大相撲、カヌー、ボブスレーの競技関係者に留まらず、仕事や私生活でも多くのかけがえのない人たちと出会ってきました。そして、この人たちとの出会いによって私は何度も救われ、成長してきました。

第5章で「出会い」は偶然だが、「出会い」を引き寄せる力というものがあると話しました。では、その引き寄せる力とは一体何でしょうか。

私も当時は気付かなかったのですが、その後の人生も含め、一流と呼ばれる人々を見て感じたことは、自分の生き方の中に他者が存在しているということです。他者が存在しているという言葉を別の言葉で説明すると、「感謝」という感情が自然に持てるということです。私は「感謝は経験からしか学べない」とよく話します。私の経験が失敗の宝庫であることはここまでお話ししてきている通りですが、結果として、出会いにより救われて、感謝することを学んできました。そして、感謝の気持ちはプラス思考につながります。私の行動力の源はこのプラス思考です。つまり、自分が必ず成功するというプラス思考ができる人は、自分の過去や環境、周囲の人々に感謝している人なのです。

この「感謝」の気持ちこそが、成功した人々が共通して持っている「出会いを引き寄せる力」なのではないでしょうか。一流になれる人と、なれずに二流のまま終わる人の違いは、周りとの関わり方の差だとも言えます。

私は自分が一流のアスリートだったとはとても言えませんが、それでも日本代表として海外遠征やオリンピック出場も経験し、ナショナルチームのヘッドコーチから監督、そしてボブスレーの強化委員長も務めました。一流半ぐらいのアスリートだったと思っています。私が二流で終わらず、何とか一流半にこぎつけられたのは、ツキや運といったものを運んできてくれるのは「他人」だということが分かっていたからです。
成功できない人は、努力をしていない訳ではありません。人一倍努力はしているのに、結果に結びつかないという人がほとんどです。その人たちは、自分に頼る気持ちが強すぎて、ツキや運を他人が運んできてくれるということへの思いが少ないのではないでしょうか。一人でどれほど努力をしても、一人だけで結果を出すことはできません。

私がこのように感じたきっかけの一つは、グローバリー女子陸上競技部で野口みずき選手（アテネオリンピック女子マラソン金メダリスト）と関わる中で聞いた彼女の「感謝」の言葉でした。

そしてもう一つは、日本におけるイメージトレーニング理論のパイオニアとも呼ばれる西田文郎さんの著作『Ｎｏ．１理論』（現代書林）を読んだことでした。

西田さんの著作には、私がそれまで漠然と感じていながら言葉にできなかったことが、見事に言語化されていました。メンタル面に不安のある読者の方は、ご一読して損はないと思います。天才や優秀な人間というのは、誰に言われるでもなく自然と周囲の人へ「感謝」しているものなのだということを私なりに学びました。

天才や成功者は失敗しない訳ではありません。失敗してもプラス思考で前へ進んでいけるのが天才や成功者です。

私は、よく考える前に行動してしまう生来の気性もあって数多くの失敗を繰り返しましたが、そこで腐ってしまわずに、その失敗を糧《かて》に次こそは成功するという決意で再挑戦を繰り返していました。多くの人たちに救われたために当然感謝し、自然と、ツキや運を呼び込む行動ができていたのだと思います。

ところで感謝の大切さに気付くきっかけとなった野口みずき選手ですが、不思議に感じた方もいらっしゃるのではないでしょうか？　これまでお話ししましたように、グローバリーには長野オリンピック当時はボブスレー部と数人の陸上競技選手は所属していたものの、女子長距離選手は一人も所属していませんでした。最終章となる第7章では、なぜボブスレーの裏方だった私が女子長距離界と関わるようになったのかということについて、お話しします。ここにも新たな出会いがありました。

7章

活躍できるステージを求めて

さらに続く失敗と挑戦

のぞみ111号11号車11番

日本時間、2004年8月23日未明。近代オリンピック発祥の地であり、第1回近代オリンピックが開かれたギリシャ・アテネのパナシナイコスタジアムに、野口みずき選手が先頭で駆け込んでくるのを、私は京都市にあるグローバリー女子陸上競技部の事務所でブラウン管越しに見つめていた。

レース前に驚くことがあった。この日、私はマスコミなどの対応をするために名古屋本社から京都の陸上部事務所に向かった。時間も気にすることなく窓口で買った新幹線の切符が「のぞみ111号11号車11番A席」であったことに自分の席を探している時に気が付いた。これはすごいと思い、無効印をおしてもらって切符を持ち帰った。私はスタートまで時間もあったので、様子を見に来た新聞記者へ、新幹線の切符を見せながらメダルの予感があることを話した。記者は、面白いエピソードを聞けたとばかりに、目を輝かせてメモをとっている。結果がよければ明日の新聞紙面に掲載されるのだろう。

レースは一人で静かに観戦していたが、いざ野口選手がトップでレースを終えようとしているのを見ると、胸に熱いものを感じずにはいられなかった。野口選手は人差し指を天高く掲げながらトップでゴールテープを切り、見事アテネオリンピック女子マラソンの金メダリストに輝いた。

さあ大変なことになった。京都の留守番は私一人だ。電話、電報、花束、取材対応などの雑用を私は眠い目をこすりながら、とても晴れやかな気持ちでこなした。私が入社したことがきっかけとなりスポーツの支援を続けてきたグローバリーにとって、この日は記念すべき一日になるだろう。私にとっても、現役、裏方と長らくスポーツに関わってきたが、世界の頂点を獲った選手の近くにいられるのはレスリングで20才の頃、自衛隊体育学校の先輩である江藤正基選手が世界選手権で金メダルを獲得した時以来だ。

次々と投げかけられる記者からの質問に答えながら、私は長野オリンピック後のことを振り返っていた。あれから5年半が過ぎたわけだが、今、グローバリーの社員として仕事をしている自分がすごく不思議な気がした。何せ、私は長野オリンピック後に一度グローバリーを退職しているのだ。

1998年2月の長野オリンピックが終わるとすぐに、私は人事部長ということで名古屋本社勤務を命ぜられた。ボブスレーについてはナショナルチームのスタッフであることに変わりはなかったが、一つの区切りがついたということで、私の気持ちも社業に向いていた。人事部であれば東京経営センターで経験した社員教育の経験も生かすことができるし、新卒採用や中途採用など、初めての業務にもやりがいを感じていた。

家族で名古屋市内に引越し、落ち着いて仕事をこなし始めた頃、加治屋尚会長から呼び出しを受けた。用件の想像は付いていた。ボブスレー部の存続についてだろう。長野オリンピック後もボブスレー部の活動は続けたかったが、自国開催のオリンピックも終わり、そこで目立った結果を残せなかったボブスレー部へのサポートを打ち切るという決断を会社が下すのは、当然のことだろうと思っていた。

もし、ボブスレー部を廃部するということになれば、長野オリンピックへ出場した4名はどうなるだろう。競技を続けられないとなるとやはり選手は退職してしまうかなどと考えながら会長室へ向かった。

加治屋会長はボブスレーの活動を続ける私に目をかけてくれていて、社内のボブスレー

2004年(平成16年)8月23日(月曜日)　夕刊　讀賣新聞

神様ありがとう

激走支えた靴にキス

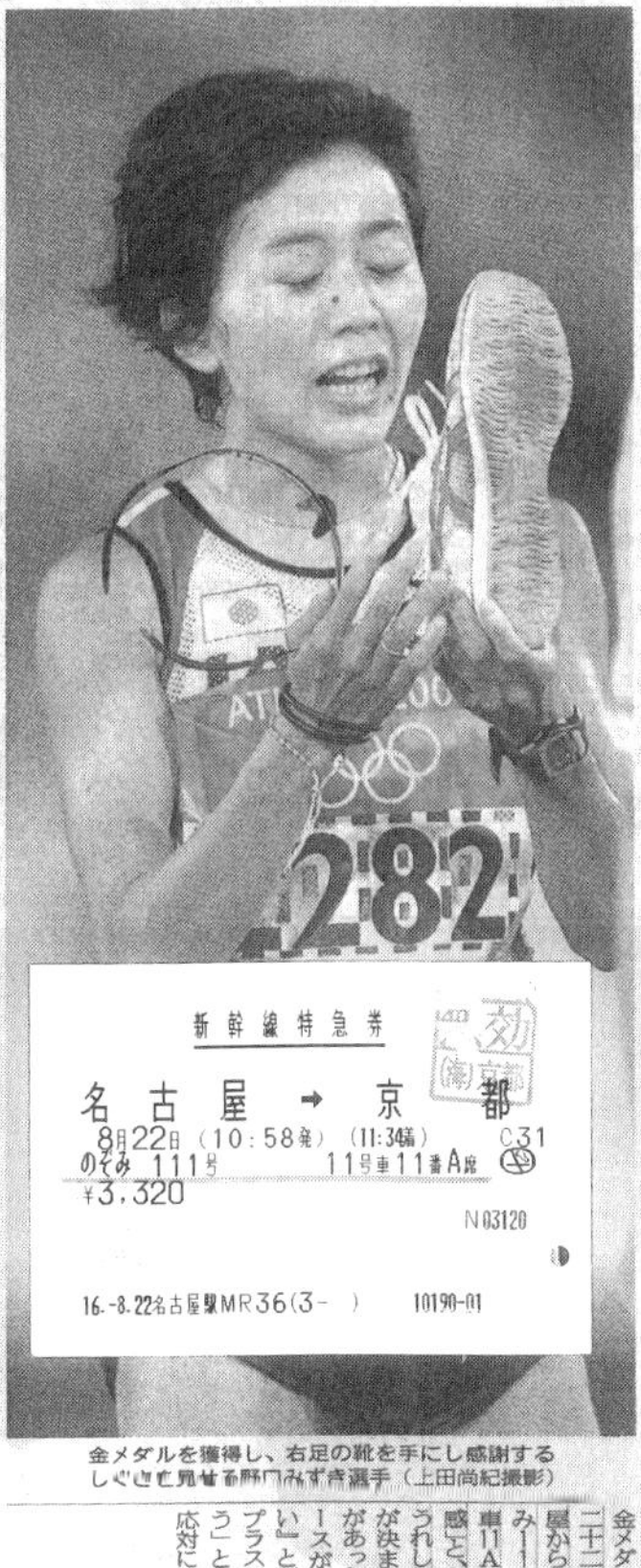

金メダルを獲得し、右足の靴を手にし感謝するしぐさを見せる野口みずき選手（上田尚紀撮影）

一方、野口選手が所属するグローバリー女子陸上競技部の事務所（京都市右京区）。スタッフ全員がアテネで応援、一人残ってテレビ観戦していた渉外担当の山崎良次さん(41)は「勝った。金メダルだ」と声を上げた。

二十二日、本社のある名古屋から乗った新幹線はのぞみ一一一号で座席は「11号車11A」。1が並び、「いい予感」と、とっておいた切符をうれしそうに見つめ、「所属が決まらない、つらい時期があっただけに、彼女は『レースができるのがうれしい』と話していた。だからプラス思考で戦えたのだろう」と話し、祝福の電話の応対に追われていた。

◇

OLYMPIC 2004

野口選手の記事と切符

部へのサポートだけではなく、新人選手発掘などを主導するために設立した「東京ボブスレー・リュージュ連盟」の会長にも面倒だと言いながら就任してくれた。設立後すぐに、上部団体の日本ボブスレー・リュージュ連盟から日本連盟副会長への就任打診があったため総会にわざわざ名古屋から東京まで出てきてもらったのだが、当日になってこの話が流れてしまうという私にとっては大失態があった。この時は業務とは関係ないが辞表を提出した。すると加治屋会長からは「こういうものを軽々しく出すと周りから信用されないぞ」と注意を受け、あっさり破棄された。

他の幹部社員たちからは、

「お前、すごいよな。よく会長と話せるよ。俺なんか、会長が前を通りかかっただけで直立不動。とても話なんかできないぜ」

よくそのように言われた。加治屋会長は確かに一代で先物取引の会社を起業し、上場するまでに育てた剛腕経営者だ。普段厳しく指導されている社員たちが恐れる気持ちもよく分かる。しかし私にとっては大恩人だ。これだけスポーツ活動に関して寛大なのは、加治屋会長の経歴にもそのヒントがある。加治屋会長は宮崎県立小林高校を卒業している。小林高は駅伝の強豪校。加治屋会長自身は陸上部出身ではなかったようだが、駅伝やマラソンが好きで母校への思いも強く、毎年寄付もしていたようだ。

ボブスレー部の廃部と女子駅伝

「ボブスレー部は廃部にすることに決めた」

開口一番、加治屋会長はこう言った。ついに来るべき時が来た。さあ、どうしよう。こうべを垂れながら加治屋会長からの次の言葉を待っていると、思いも寄らない言葉が耳に飛び込んできた。

「いつまでもボブスレーみたいなマイナー競技をやっている場合じゃない。これからは駅伝だ。女子選手を集めて駅伝の全国大会に出たい。そのためにはまず監督だ。優秀で実績もある監督を探してきてくれ」

え？　女子駅伝？　想像もしていなかった展開に、私は絶句した。確かにボブスレー部と並行して陸上選手数人もグローバリーで引き取りサポートをしていたが、それは、ボブスレーと並行して挑戦している選手や頼まれて採用したフィールド・トラックの選手たちだ。人気種目の長距離についてはほとんど知らない。しかし、できる自信はあった。

「分かりました、任せてください。ただ会長、ボブスレー部の廃部はごもっともですが、部員の鈴木と大石はパイロットで二人が競技を続けられないと日本代表チームが成立しません。なんとか競技継続ができるように支援してください」

「分かった」

ボブスレー部としては廃部するものの、個人にかかる経費負担や海外遠征などには行けるように勤務条件を考慮してもらえることで話は決着した。

さて、陸上の長距離界には人脈がないが、どこから情報を集めればよいだろうか。これまでも思い浮かんだアイデアを実行することで道を切り開いてきた。今回も、何とかなるだろう。実際に調べ始めると不況の影響から部の撤退や縮小が相次いでいることもあり、実業団チームの監督経験者を招致することも比較的容易な状況であることが分かった。3名の監督候補者と面談を済ませると、やはり長距離界の中心にいる澤木啓祐先生の話を聞いてみたいと考えるようになり、長野オリンピックでボブスレー日本代表の選手として出場した井上将憲選手に紹介を依頼した。井上選手は、順天堂大学陸上競技部の出身。110メートルハードルの選手で、長野オリンピック前年シーズンに東京ボブスレー・リュージュ連盟が主催する新人発掘テストからボブスレーへチャレンジした選手だ。井上選手の母校である順天堂大学は、箱根駅伝で何度も総合優勝を果たしている名門。高校、大学、実業団へ多くの指導者も輩出している。私は早速、井上選手に連絡を取った。

「すまん、澤木先生に会えるように段取りしてくれないか？」

「分かりました、いいですよ」

井上選手は快諾してくれた。

1週間後、順天堂大学陸上競技部監督の澤木先生を訪ねた。澤木先生は、駅伝に疎い私でも、その名を聞いたことはあった。自身も選手として箱根駅伝に出場し、順天堂大学初の総合優勝に貢献。その後も監督として、順天堂大学の箱根駅伝4連覇を果たすなど、日本長距離界では知らない人はいないというレベルの有名指導者だ。

「松竹梅じゃないが、指導者にもランクがある。どのクラスがいい？」

澤木先生に事情を伝えたところ、すぐに答えが返ってきた。レベルの高い指導者は結果も出せるだろうが、その分費用もかかる。こちらの覚悟を見る意味も込めて、このように言ってくれたのだろう。私の心は決まっていた。

「最短で結果が出せる人をお願いしたいです」

「分かった。じゃあ、一人ちょうどいいのがいる」

そう言って澤木先生が紹介してくれたのが、藤田信之監督だった。

藤田監督の指導歴は1968年からで、400メートルからマラソンにわたる中・長距離種目において国際大会や国内主要大会で活躍する日本の第一線級選手を順次輩出してきた。ワコール陸上競技部監督だった頃には真木和《いずみ》選手（現姓・山岡さんはこの本の制作中に逝去されました。ご冥福をお祈りします）を1992年のバルセロナ（女子1万メートル）と1996年のアトランタ（女子マラソン）で、オリンピック2大会連続出場に導いている。また、率いるチーム成績もワコールでは全日本実業団対抗女子駅伝で史上初の4連覇を含む5回の優勝に導くほか、全国都道府県対抗女子駅伝京都府チームの監督としても、大会史上初の4連覇を達成している。日本女子長距離界では、その指導力が傑出している大物監督だ。しかし社の方針との対立などから昨年10月にワコール陸上競技部監督を退任し、その後は自分についてきた選手と、どこにも所属せずに練習を積んでいるのだという。

私は、早速練習の拠点にしている京都まで、藤田監督へ会いに行った。しかし、藤田監督の反応は芳《かんば》しいものではなかった。仕方ないと思う。従業員数が800人程度と、陸上長距離界では規模も小さく、社名も聞いたことがない会社の人間からいきなり「陸上部の監督をやるつもりはないか」と聞かれても、訝《いぶか》しく感じることはあっても、いきなり二つ返事で「やります」とはならないだろう。

1998年11月には他の候補者と合わせて中間報告としての資料を作り、加治屋会長へ提出した。この時点で藤田監督も候補者の一人として入れてはいたが、私のイチオシはこの時点では別の人物だった。藤田監督と話した感触からも、実現の可能性が低いと感じていたのだ。しかし、加治屋会長の考えは違った。

「こいつに会わせろ」

資料を見るなり、藤田監督との面談をピンポイントで要望した。

「いや会長、他の方々もなかなかの実績が……」

念のため他の候補者についても説明しようとしたが、

「そんなのいいから、とにかくこいつに会わせろ」

加治屋会長は聞く耳を持たない。私が会った時の感触を話すと、

「大丈夫だ。俺が直接口説く」

まるで意に介していない。こうなると、加治屋会長と藤田監督の面談の場をセッティングするしかない。

女子陸上競技部が発足

「問題ない、引き受けてくれることになった」

藤田監督と二人きりで会った加治屋会長は、話が終わると外で待っていた私にあっさりと言った。加治屋会長は満足気だが、一体どうやってどう口説いたのだろう。不思議だったが何はともあれ、これでグローバリー女子陸上競技部の発足はほぼ決まった。あとは本社の担当役員が細かい話を藤田監督と詰めていくだけだ。

藤田監督と一緒にコーチ2名とマネージャー、2人の選手も入ってくることになった。コーチの一人は顔を見たことがある。真木さんだ。しかし、2人の選手は知らない顔だった。その2人のうちの1人が、後に女子1500メートルで日本記録を叩き出す田村育子選手、そしてもう一人が野口選手だったのだが、初めて見たこの時は「小さい選手だなあ」という印象でしかなかった。

1999年2月、晴れてグローバリー女子陸上競技部が発足した。陸上競技部の年間予算は億単位で、選手寮は京都市内に新築建設、陸上部専用の事務所も西京極陸上競技場の目の前に用意するという。藤田監督からは創部が正式に決まる前に予算の話も聞いていたが、私はボブスレーや陸上のフィールド・トラック種目の2桁違う予算がベースにあったので、この大風呂敷には驚かされた。

「勝ちたいんなら、このくらいは必要や」

平然と言う藤田監督を見て、私の場合は「これくらいの結果や取り組みだから」と、目標でなく現状を観た予算の考え方をしていたことに気付かされた。もっとも、藤田監督の場合は数年後本当に野口選手を育てて金メダルを獲得させてしまうのだから、大風呂敷でも何でもなく、単に現実を話したに過ぎなかったのだが。

陸上部の創部がマスコミに発表される頃、私は本社勤務から東京支社へ配置転換されていた。人事部長から課長へ降格したのだ。

人事部長に昇格して、スポーツとは距離をおくことになったが、採用と教育の責任者として自分なりに仕事の改善も図りつつ張り切っていた。次年度新卒採用では目標の100名を達成するために説明会や選考面接で全国の会場へ出張を繰り返しながら、名古屋本社では来春の新卒研修を従来の役員講話一辺倒のスタイルから変えるべく打ち合わせを行っていた。そんなある日、内勤部門の責任者である副社長と打合せをする機会があり、普通に状況報告などをしたのだが、この日を境に周りの様子がおかしくなってきた。

私の部下である課長や係長が副社長に直接呼ばれて指示を受けたり、本社勤務の社員全員が集まる朝礼の場で思い当たらないことで名指しの注意を受けるなど、パワハラのようなことが続いた。懇意にしている営業の専務に聞くと役員会でも私のことをボロカスに

言っているそうだ。私はなぜなのか分からず、専務に聞くと、

「おまえ副社長に、しかしですね、と反抗しただろ」

それが理由だという。私は唖然とした。どうやら研修の企画を説明している中で副社長の意見に私がすぐ従わなかったことが反発と取られたようだ。副社長は取引先の銀行から招致した人であったが、普段はほとんど話す機会もなかったので人物像は分からない。しかし、これまで色々な組織、チームなどに関わってきて、「嫌われる」ということを経験していないので、些細なことでこんな仕打ちを受けるものなのかと思った。

私はまた失敗した。


東京支社へ戻ってからは割り切って、しばらくは普通に通勤していたのだが、私は会社にスポーツで多くの恩を感じていて、それを返したい気持ちと貢献できる自信があって人事部の仕事に取り組んでいたので、この状況がどうにも納得いかない。しかし、冷静に判断すると、今回の異動は組織に必要とされていないということだ。だったら自分がしたい仕事を探そうと考え始めた。こうなると私の行動は早い。

1999年7月、私はグローバリーを退職した。

グローバリーを退職した私は、営業職を経験したかったことから、損害保険会社2社から内定を受けて、AIU保険会社へ入社することにした。3年後には独立して代理店となる制度がある。私は将来に向けて新しい環境で新たな一歩を踏み出した。

AIUでは初めて法人営業を経験したのだが、建設業界を中心に任意労災保険や賠償責任保険、自動車保険への加入を勧めていた。社長自ら現場へ出ている小規模会社も多く、早朝に営業の電話や夕方からの顧客訪問なども当たり前で、なかなか厳しい労働環境であったため、入社から半年もするとサバイバルゲームのようにパラパラと社員が辞めていく。

そんな中、私は厳しいことには慣れているので、成績はぱっとしないまでも何となく仕事を続けていた。保険の内容に精通してくると、傷害保険がスポーツ団体にとってニーズがあることが分かった。私は自分で企画書をつくって、中央競技団体へ営業してみることにした。原宿駅の近くに岸記念体育会館という古い建物があり、ここには多くの中央競技団体が入居している。私は定期的に岸記念体育会館へ通うようになり、日本ソフトボール協会や日本バドミントン協会などと契約することができた。他にも私が経験したレスリングやカヌーもここに入居しているため、以前から知っている関係者へ挨拶をしながら回っていた。この中央競技団体巡りは営業というよりは趣味の色合いが強く、色々な団体の事務局長などから聞く各競技の生情報は私にとって新鮮で参考になった。

スポーツ支援のためにNPO法人を設立

AIU保険会社で2年目、私は埼玉経済懇話会という様々な業種の人が集まる異業種交流会へ参加していた。月に一度、当番の人が自分の専門分野の話を30分程度してから飲み会となる流れで、私が順番の時は、JOCの選手強化本部委員をしていた関係から、中央競技団体の強化費配分について話したりした。米屋の主人がお米の流通について話したり、弁護士が裁判のマニアックな話をしたりと楽しい会で毎回15名くらい集まっていた。この会の参加者に私と同じ保険業界の人で亀甲美智博さんがいた。亀甲さんは乗合代理店の社長だという。乗合代理店は、1996年から始まった金融ビッグバン（金融の自由化）以降に誕生した比較的新しい業態で、亀甲さんは百貨店勤務の経験を生かし、百貨店は顧客が展示された商品の中からニーズや好みに合ったものを自由に購入できる仕組みであることをヒントに、「各社別の保険支払額と還付額を比べられるシステム」を完成させていた。私はこの乗合代理店に興味をもって、会社を訪ねたいことを申し出ると、亀甲さんはいつでも来なさいと快諾してくれた。

2001年2月、亀甲さんの会社を訪ねるとたくさんの保険会社のパンフレットが並んでいて、どれを売ってもよいのだという。AIUの商品しか扱わない私は自宅へ帰る道すがら「時代はそういう流れだよな」などと思っていると、突如アイデアが舞い降りた。

それは、選手やチームといった支援対象者（プレーヤー）をもつ消費者（サポーター）が、あらかじめ登録されている事業者（パートナー）を優先的に選択して商品やサービスを購入した際、その割戻金をプレーヤーの活動費とする仕組みを提供する、というものだった。スポーツに関わる人たちが消費行動の主導権を持つことで付加価値を生み出すのだ。

スポーツの活動費は多くの場合、選手自身や支援者たちにより、会費、寄附、協賛金、雇用といった直接的な形態で賄われている。しかし、これだけではほとんどの選手、チームにおいては資金が不足していて、結果、指導者などが無償で関わっていくしかないなど、ボランティアが当たり前の状態となってしまっている。私が思い付いた手法は、スポーツ選手やチーム、団体などの活動を支援していける新しいシステムなのではないだろうか。

もしこの仕組みが一般的になれば、オリンピックを目指す優秀なアスリートたちだけではなく、地域で様々なスポーツに取り組む子供たちにも支援が可能になる。利用先の事業者（パートナー）が増えれば、日常の消費活動がそのままスポーツへの支援につながる、画期的な仕組みである。これは、革命的なアイデアではないだろうか。

私は世紀の大発見をしたような高揚感を覚え、いても立ってもいられなくなった。このアイデアは、何としても自分で実現したい。

自宅へ帰り、早速実現のために行動を始めた。三つ子の魂百までとはよく言ったもので、思い立ったら深く考える前にまず動く、という私の性格は相変わらずだった。この仕組みは公共性がなければならないので、株式会社よりも1998年12月に施行されて間もない非営利活動法人（NPO法人）制度を利用するのが一番ふさわしいように思った。NPO法人立ち上げのための資料を早速集めて読み込み、すぐに「NPO法人サポートシステム」

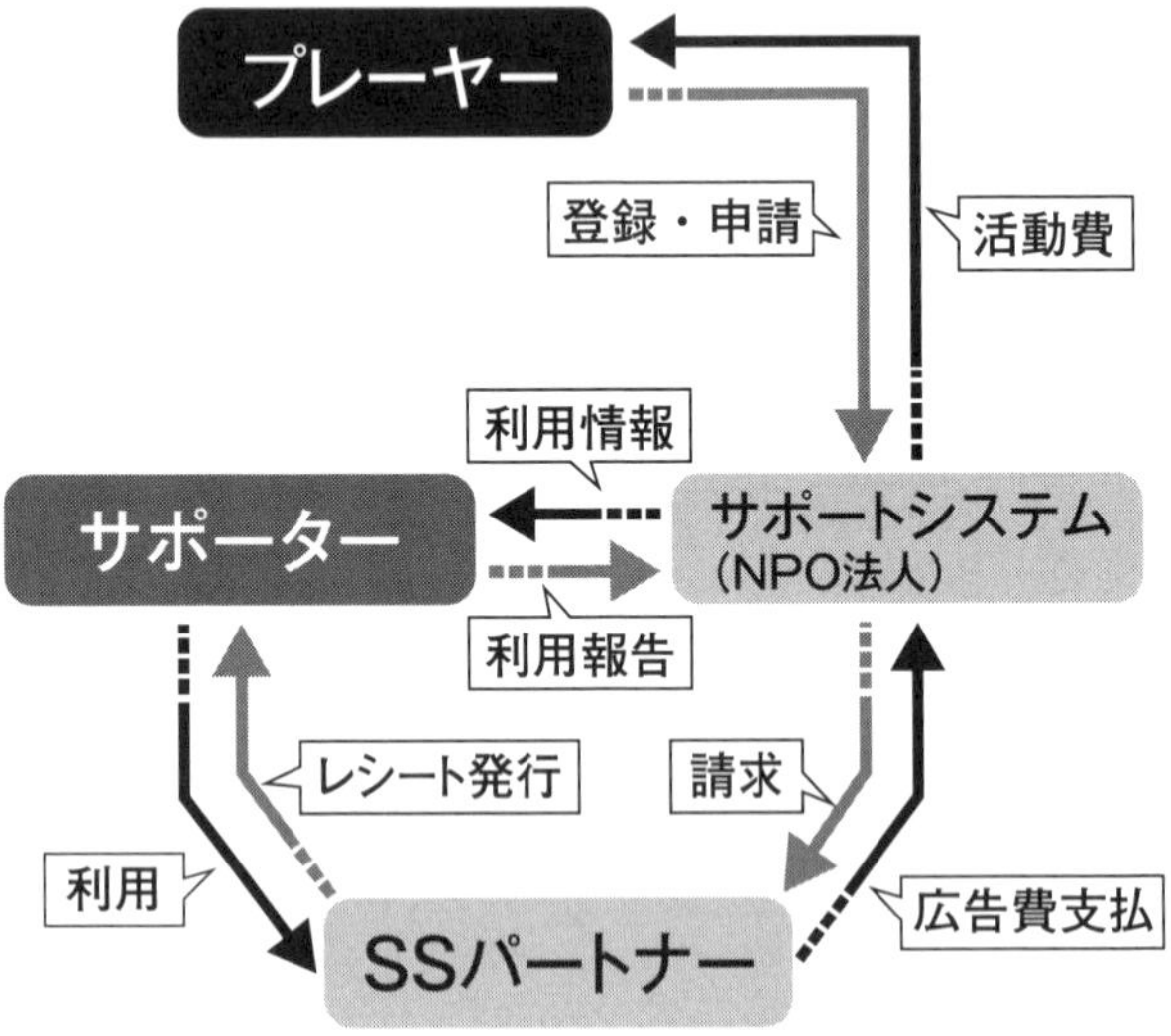

プレーヤー

目的や目標をもってスポーツ及び芸術活動をしている個人及び団体。
→→→アスリート(個人又はチーム)・競技団体など。

サポーター

特定のプレーヤーを支援する、或いは本事業に賛同する法人または個人。
→→→プレーヤー関係者。ファン。本事業の推進により開拓された法人など。

SSパートナー

本事業の趣旨に賛同し、利用分に応じた割戻金を拠出できる法人または個人事業主。
→→→ネットショップ・各種メーカー及び代理店・地域商店・有料施設など。

サポートシステムの仕組み

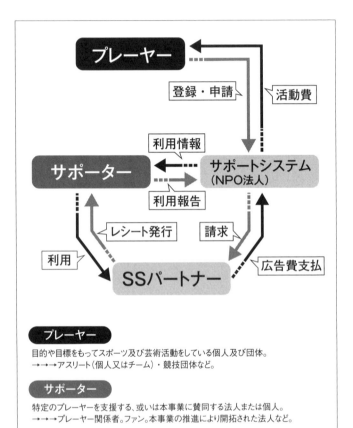

設立のための準備を始めた。生活費を稼がなければいけないので保険代理店の仕事を続けながらではあったが、NPO法人の設立認証に向けた役所通いやサンプルの実績をつくるために近所の商店街で事業者（パートナー）を探したり、スポーツ少年団などの練習場所へ赴き、親や指導者たちに事業説明をしたりと、忙しい日々が続いた。

この仕組みは、乗合代理店という、加入者に選択の主導権がある仕組みを知ったことがきっかけとなって思い浮かんだのだが、これまでの競技生活、その後の裏方生活、そして保険代理店の営業、そういった私のこれまでの経験が絡み合って、常々スポーツのあり方を考え続けていた私の脳内で、ある瞬間に結実したのだと思う。この仕組みを世の中に広げていくことこそが、私の今後の使命である。そのように思えるほどの画期的なシステムだと思った。

少し落ち着いて調べてみると、「JOCスポーツマンVISAカード」や「BLUETAG事業」など、同様の考え方で展開されているものはあったのだが、対象が競技団体であったり、購入先が運営会社しかないなど、利用が限定的である。私が構想するサポートシステムは広く縦横無尽に展開されながら利用者が増えていってほしい。

事業展開のアドバイスを求めて、ここでも持ち前の行動力を発揮した。当時サッカーくじがスタートしたばかりで売れ行きが芳しくない状況を見て、私はすでに整備されている購入先などのインフラはサポートシステムに使えると思っていた。レスリング関係者の繋がりを手繰って、文部科学副大臣の馳浩《はせ》議員へアポイントが取れた。馳議員はレスリングでロサンゼルスオリンピックへ出場するなど日本代表となった後、教員、その後はプロレスラーへ転身し、人気レスラーとして活躍していたことでも有名だ。現役時代にレスリングで胸を借りたこともあって、議員になりたての頃にも訪ねたことがある。

「久しぶりです。お会いする度に部屋が広くなりますね」

「いやいや、ちょっと待ってください。今、担当の課長を呼びますから」

1時間程度のことだが、文部科学省の幹部職員にプレゼンをするという機会を得た。この時はサッカーくじが始まったばかりの頃で、インフラは整えたが売れずに困っているというニュースも流れていた。そこで私は、スポーツへお金を回すなら、このインフラを使ってサポートシステムが展開できるということを訴えてみた。普通にのらりくらりの対応しかしてもらえなかったが、貴重な経験をした。

他にも少工の2期先輩で経団連の最年少理事として活躍をしていたグッドウイル・グループの会長、折口雅博さんと面会することができた。これは手紙を書いて実現したものだが、アポイントが取れたのは2カ月も先。しかも、実際に六本木ヒルズの本社で会う時には折口先輩はなぜ秘書にアポイントを取るように指示したかを自分でも覚えておらず、しきりに首をひねっていた。ただ、政治家や母校である少工・防大の学校関係者などとはめったに会うことがないそうで、私は送った手紙の内容がよかったからだと、関係のないことで自信を持った。

こうして、事業は小さな実績をつくる程度でとても仕事になるレベルではなかったが、2001年11月に埼玉県からNPO法人の認証を受けてからも、サポートシステムは私の思いの中心にあった。

驚かされた野口みずき選手の発言

2001年10月にAIU保険会社を退職して、サポートシステムの活動を中心に過ごしていたある日、1本の電話が鳴った。

電話主は、グローバリーの加治屋会長だ。

「戻ってきて、女子陸上部のサポートを手伝ってくれないか」

話を聞くと、藤田監督率いる女子陸上競技部は部員も増えてきてはいるのだが、勧誘は苦戦しているとのことだ。そこで思い出したのが私のことだったようで、山﨑ならこういう交渉事は向いているだろうからちょうどいいということになったらしい。一度話をしっかりしようということで、加治屋会長は都内まで出てきてくれた。

「課長で辞めたんだから課長で戻ればいいいな」

「ちょっと待ってください。私にも今の仕事がありますから」

辞めた時のことや藤田監督がそもそも必要としているかなど、色々と確認しなければと考えていたので真面目に質問をするのだが柳に風。銀座のクラブをハシゴして、あとは陸上部長で経理を担当している堂前靖雄常務から連絡させると言って会長は帰ってしまった。

こうしてあっさりと私の復職は決まった。

次の日には堂前常務から電話があり、具体的な説明を受けた。私が一番に思ったことは、これは幽霊社員のように存在できるのではないかということだ。会社の体質や仕事の進め方はよく分かっている。人事部に籍をおいて陸上選手の勧誘を優先して行う、デスクは東京支社に置くが、必要な時に出社すればいいという。グローバリーの復職条件は自由度が高い。何よりもNPO法人サポートシステムの活動が今まで以上にできる。

2002年2月、私は一度退職したグローバリーに出戻ることになった。

それからは、あっという間だった。久しぶりに会った藤田監督は長距離界のことを知らない私を会長命で仕方なく使うという感じで、最初は押し掛け女房のような存在であったため、なかなか信用してくれなかった。しかし、各地の高校や大学に足を運び、有力選手の勧誘を行っていくにつれ、藤田監督とも少しずつぎくしゃくした関係がなくなってきた。

また、私が当初考えていた幽霊社員として自由に行動することは叶わなかったが、高校の先生や大学の監督、同じ実業団チームの関係者と情報交換をする生活は新鮮で、充実した日々を過ごせていた。勧誘については、大きなお金が動く業界だけあって、長距離選手は高校、学生時代から恵まれた条件下で競技を行っていて、県代表クラスの選手でも複数から声が掛かるため、進路選択は本人や学校側に主導権がある。このことは藤田監督を招致する時にある程度知ってはいたが、実際に現場で経験してよく分かった。

グローバリー女子陸上競技部は、私が出戻る前の2001年に淡路島女子駅伝、そして実業団女子駅伝の最高峰である全日本実業団対抗女子駅伝にも出場していて順調だったが、藤田監督にとっては、ワコール時代にこの最高峰の大会で5度の優勝を経験しているため、チームの現状は満足には程遠いものだったようだ。

そんな中で野口選手はめきめきと実力を付け、ハーフマラソンでは国内で敵なし、2002年3月、初のフルマラソンとなった名古屋国際女子マラソンではあっさりと優勝してしまった。この頃の野口選手は強く、そして走る度にその強さを増していっているように感じた。入社当時は、ただの小さい無名選手に過ぎなかった野口選手が、ここまで強くなれた理由は何だろうか。その答えの一端が分かったのは、2003年にパリで行われた世界選手権の女子マラソンで銀メダルを獲得し、帰国後に行われた報告会での出来事だった。

野口選手はこの銀メダル獲得により、翌年に行われるアテネオリンピック女子マラソン代表の内定も勝ち取っていた。他の選考レースが行われるのは2003年11月から2004年3月にかけて。アテネオリンピックで勝負するためには何としても今回の世界選手権で、日本人最高位でメダルを獲得し内定を得て、1年かけて準備を進めなければならないというのが藤田監督の考えだった。そのシナリオ通りに事が進んでいた。報告会では、野口選手が促されて壇上に上がった。恐らく、来年のアテネオリンピックに向けての意気込みを話すのだろう。ぼんやり壇上を見つめていると、予想外のことを話し始めた。
「私が今回一番うれしかったのは、ゴールした時に藤田監督が男泣きをしたことです。それが一番です」

驚いた。確かに野口選手は藤田監督がワコールの監督を退任した時に、チームに残らず藤田監督に付いていくことを決断し、その後グローバリー女子陸上競技部が創設されて所属するまでは、いわば無職の状態で練習を続けていた経緯がある。しかし、ここまで結果を残せたのは、自分の努力の結果だという自負があったはずだ。銀メダルの喜びとここに至るプロセス、オリンピックへの思いをまず話すのだろうと思っていた。しかしそうではなかった。野口選手が最初に口にしたのは、監督への感謝の言葉だった。

私がこれまで出会った一流のアスリートも、同じように結果に対して、素直に周囲への感謝を口にしていたことを思い出した。野口選手の話しぶりは何かを計算してのものには見えなかった。恐らく、元来そういう考え方をする選手なのだろう。自分一人の努力で結果を残したわけではないということを意識的にせよ本能的にせよ理解している選手が、プラス思考ができる「勝てる選手」なのだ。

野口選手は、きっとアテネオリンピックでも期待以上の成績を残すだろう。この言葉を聞いて、そういう予感がしていた。

廃業、そして大学院への入学

その1年後。野口選手はアテネオリンピックの女子マラソンを最高の結果で締めくくった。野口選手の活躍と共に、グローバリーの名前も世間に知られることとなり、その反響は私がボブスレーをしていた時とは雲泥の差だ。

しかし、翌2005年に状況は一変する。グローバリーは市場での売買に違反行為があったなどとして、経済産業省と農林水産省から顧客との取引停止処分および業務改善命令を下されてしまう。加えて、その後の立ち入り調査などでも法令違反があったなどとして、追加の営業停止処分まで下されてしまった。これには、剛腕で鳴らした加治屋会長もどうすることもできなかった。結局グローバリーは上場廃止、そして廃業という運命をたどることになった。

加治屋会長は営業社員に「野口みずきの名前を営業で使ってはならない」とお達しを出していたほどで、社業とスポーツ支援は分けて考えていたが、結果的に会社のことで世間から中傷されるような事態となり、廃業して支援が継続できなくなることに心を痛めている様子だった。

藤田監督と野口選手をはじめとする女子陸上競技部のスタッフ、選手たちは、受け皿を探したところ、兵庫県の神戸市に本社を置く医療機器メーカーのシスメックスがチームごと引き受けてくれることになった。これで女子陸上部の面々は活動を続けられることになったが、私はあくまで一般の社員の立場で部の運営に関わっていた身。会社が廃業となれば、私も整理解雇の憂き目に遭うのは避けられない。出戻り入社から3年半、野口選手の金メダルから1年余り。私はまたグローバリーを去ることになった。

その後は、サポートシステムの活動は継続していたが、生活のために物流関係やビルメンテナンス関係の会社へ転職し、サラリーマン生活に没頭していた。


零細企業で忙しく過ごしていたある日、昼食のために目についた食堂に入った。適当に定食を注文し、テレビを眺めながら待っていると、情報番組でキャスターが原稿を読み上げていた。

「元巨人の桑田真澄さんが、早稲田大学大学院に合格しました」

その言葉に、一瞬虚をつかれた思いがした。え？　桑田？　大学院？　私は最初、理解ができなかった。桑田さんのことは、恐らく私と同世代ならほとんどの人が知っている。高校野球の名門、ＰＬ学園出身で、清原和博さんとのＫＫコンビで甲子園を幾度となく沸かせた名投手だ。しかし、ドラフト会議当日まで、大学進学、指名拒否を宣言していた桑田選手をなんと讀賣巨人軍が1位指名し、そのまま巨人に入団したのだから桑田選手は大学に進学していない、それがどうして大学院へ？　大学院とは、大学を卒業した人が行くところなのではないのだろうか？

私はレスリングで大学からの勧誘を受けたものの、実業団である自衛隊体育学校へ進んだため大学を卒業していない。そしてその後はふらふらとした人生を歩んでいる。当然、転職やアルバイトの経験が多くなっているのだが、結果として履歴書を書く機会も多かった。そんな中で私は自分の学歴に対するコンプレックスを深めていった。東京経営センターで学んだ仕事の基本を生かして、仕事をすれば成果を上げる自信もあるし、実際に結果を出してきた。しかし、入り口で撥ねられてはどうしようもない。履歴書に書く学歴は神奈川県立湘南高校、しかも実際は通信制だ。スポーツに没頭していたこともあるが、田舎者で、同世代がみんな大学へ進学することが普通だったことに気が付いたのは30才を過ぎた頃からだ。やはり学歴はあった方がいい。

家に帰ってから調べてみると、基本的には高卒では大学院への入学資格はないようだった。しかし、学校教育法の施行規則には、大学側による個別入学資格審査にパスした人も、大学院の受験資格があると定められているようだった。これは、もしかしたら私にも大学院の受験資格があるのではないだろうか。色めきだって、まずは桑田さんが合格したという早稲田大学大学院スポーツ科学研究科の受験資格を調べてみた。社会人を対象とした修士課程1年制にはいくつかのコースがあるのだが、桑田さんが合格したのは「トップスポーツコース」、私が興味を持ったのは「スポーツマネジメントコース」だ。高卒でも出願できる条件として3点が挙げられていた。一つは弁護士などの資格保持者、もう一つがスポーツビジネス関連の企業などで通算5年以上の実務経験者、そして最後が日本代表などのトップレベルでの実績が3年以上ある者、ということだった。

私もかつてはオリンピックに出場したアスリート。そしてその後はナショナルチームコーチや監督の実績がある。これは出願資格に合致するのではないだろうか。

早稲田大に問い合わせてみると、出願資格については個別の質問には答えられないという。さらに、続けてこのように言われた。

「加えて、大学を卒業した者と同等以上の学力があると判断されないと、出願資格は認められません」

なるほど、それはそうだろう。大学院なのに、大学卒業と同程度の学力がない者を在籍させることはできないはずだ。しかし、どうやってそれを証明すればいいと言うのか。

「すみません、具体的にどのように証明すればよいのでしょうか？」

「そうですね、例えばこれまで大学で行うのと同等以上の研究を行って発表したというような実績があれば分かりやすいですね」

目の前が暗くなった。そんな実績があれば、苦労しない。どうしようもないと諦めそうになったその時、あることを思い出した。それは、長野オリンピック前にボブスレーのスタート局面での力学解析をするために計測器をつくってもらったことだった。あれは助成事業であったこともあり、確か、その時に堀切川先生か西成先生が報告書を作成していたはずだった。私がこの研究事業の責任者であるし、事業を共同で行ったのは紛れもない事実。これを提出すれば、「大学卒業と同程度の学力」を証明できるのではないか。

そう考えるとすぐに資料を探した。他にもボブスレー強化委員長として2003年に作成した「競技者育成プログラム」や「指導マニュアル」、取材記事など、とりあえず出せるものはすべて「研究および実務業績書」に添付した。あとは「研究計画書」だ。これは実際に合格すれば大学院の本分は研究なので、何について研究したいのか、そして1年間でどのように論文をまとめるのかを計画書として提出しなさいということ。この研究テーマついては、私の場合はサポートシステムしかない。学歴を得ることが一番の目的だが、せっかくやるなら自分が取り組んでいることの裏付けを取りたい。「地域におけるスポーツ連携と活動資金に関する研究」をテーマとして作成した。

出願資格審査の書類を提出し、待つこと2カ月。通知が届いた。年甲斐もなくドキドキしながら開封すると、「出願資格を認める」とあった。

やった。あとは面接をパスすれば、私も大学院に通うことができる。自信をもって臨んだ面接では、時間をかけて作成した研究計画書だったのに細かいところを質問されてしどろもどろになって答える有様だった。面接官も何か冷たい印象だ。手応えがないまま面接は終わった。だめかもしれない。そう思って待っていると、合格の通知が届いた。ボブスレーで日本代表に初選出された時ほどの喜びはさすがに感じなかったが、久しぶりに嬉しいと心から思えた。

桑田さんのニュースを見て、すぐに行動を起こしたことでまた新たなステージに進むことができた。その力となったのは、私のこれまでの歩みそのものだった。遠回りしながらもボブスレー日本代表の座をつかみ取り、その後の裏方としての挑戦の中で得た経験によって、大学院への入学を認められたのだ。これまでの経験は、遠回りしたかもしれないが無駄ではなかったのだ。

入学が決まると仕事との調整をしなければいけない。平日は夜の通学だったが、この時私は零細企業の部長職、ビルメンテナンス業で現場作業員のシフト管理や営業、クレーム処理など、ほとんどいない社長の代わりに会社を切り盛りしているような状況だった。当然残業もある。しかし、私はどうしてもこのチャンスは物にしたい。社長に1年間だけ17時に仕事を上がらせてほしいと申し出ると、普段から朝は6時前には出勤している仕事ぶりをみてか、あっさりと許可してくれた。

必要な失敗

大学院では同じスポーツマネジメントコースに11名が合格していて、本業は一部上場企業の社長や管理職、学校の先生、ベンチャー企業の社長など様々で、年齢も20代から50代までいて、48才の私は上から2番目だった。同期の中には、廃部したトヨタ車体陸上部で監督を務めていた髙橋昌彦さん（現・日本郵政グループ女子陸上競技部監督）もいて、グローバリーの時に面識があったから、この偶然の再会には二人で驚いた。

ほとんどが自分の仕事で成功しながら、新たな活動の準備のために勉強に来ているという人たちだったが、そういう前向きな人たちと知り合い、話をするのは刺激になった。ただ、みんな優秀で、宿題やリサーチペーパーの作成に四苦八苦しながらも、とにかく修了したいと踏ん張っている私とはやはり頭の出来がそもそも違うと感じていた。

２０１１年3月、11日に甚大な被害をもたらした東日本大震災が発生し、とても晴れやかとはいかない状況であったが、私は共に学んでいた現役学生の力も借りて何とか修士という学位を手に入れた。国難を乗り越えようとするエネルギーの助けもあったのか、私にとってこの年は、大きな節目の年になった。それまで新入社員研修だけを受託していた大手自販機メーカーで、役員が研修視察をしたことをきっかけに幹部社員の研修もということになり、全国10か所以上で研修を開催することになったのだ。私が実施する1日で完結するリーダー向けの基本研修は、私の勢いに研修生が呼応し、後半は参加者がお互いに刺激し合って普段出せない行動力を引き出す。東京経営センターに在籍していた時、私に向いていると思っていた仕事が再び私の元へ帰ってきた。

また、大学院で髙橋さんと再会したことをきっかけに陸上長距離界の仕事もすることになった。これはグローバリーが廃業した2005年に一緒に陸上長距離チームを立ち上げようとした仲間が既存の実業団チームの監督となって声が掛かったものだ。まさか3度、この業界に関わることになろうとは思わなかった。

相変わらずビルメンテナンスの部長職の仕事を続けながらこれらの仕事はこなしていたのだが、翌年になると陸上長距離界の仕事が更に増えたため、ビルメンテナンスの仕事はさすがに辞めた。しかし、このビルメンテナンスの仕事は、まったく知らない業界で失敗も多かったが、新しい出会いもあり充実していた。

サポートシステムはNPO法人設立から18年目になった。未だにスポーツを支えるこの仕組みは必要だと本気で思っているが、残念ながらサポートシステムの真価を発揮するには、大きな資本の力が必要だと思い知らされている。この取り組みもどうやら失敗に終わりそうである。しかし、このチャレンジがなければ新たな出会いや仕事にも巡り会わなかったであろう。失敗ではあったが、私の人生にとっては必要な失敗だったのだ。

私は、青少年が取り組むプロではない競技スポーツの価値は、活躍のステージを上げようとするプロセスにあると思っている。オリンピックでメダルが取れなかった選手が次にメダルを目指すことと、地方大会レベルでもチームの補欠選手がレギュラーを目指すことの価値は一緒だ。そして、ステージを上げるということはスポーツに限らない。仕事でも勉強でも同じだ。

このステージを上げるという結果を出すためには、ステージを上げようとする「意欲」、プロセスを考える「意識」、最後に「行動」が必要だ。これからも私は失敗を繰り返しながら「活躍のステージを上げる」という命題に挑戦していくのみである。

Note

『失敗のチカラ』

長らく私の人生を振り返ってきました。すでにお分かりかと思いますが、本当に失敗、再挑戦を繰り返してばかりの人生でした。目標を見失って少工を辞めようとしたこと、レスリングを辞めてまで入門した相撲部屋から逃げ出したこと、カヌーで成績を残せなかったこと、長野オリンピックに裏方として参加しながら同じ価値観を選手達に持たせられなかったこと、グローバリーで人事部長としてこれからという時に退職せざるを得ない状況になってしまったこと、出戻ったグローバリーが廃業してしまったこと……。

我ながら、本当によくこれだけ失敗できたものだと思います。

読者の皆さんの中には、

「よくこれだけの失敗から何度も立ち直ったものだ」

このように思う方もいるかもしれません。しかし、これは少し違います。

では、どこが違うのでしょうか。

それは、私自身たくさんの失敗はしているものの、挫折を繰り返したとは考えていないということです。私の考えでは、人生における挫折とは、誰の人生においても1回だけしかないものです。

挫折というのは、心が折れてしまうほどの大きな失敗というようなイメージでしょうか。そういう意味では、多くの失敗は挫折とは言えないものだと思っています。

私の人生で挫折と言えるのは、相撲部屋を逃げ出した時の1回だけです。その時は、すでにここまで読み進めてくださっている読者の方は分かるかと思いますが、マイナスになった人生をゼロに、フラットな状態に戻すために2年余りの時間をかけることになりました。それ以外の失敗は、確かに苦境も経験しましたが、言ってしまえば人生の方向転換やプラス思考で次の再挑戦につなげるためのきっかけでしかなかったと、今振り返ってみて思います。

つまり、失敗は何度してもいいのです。むしろ、失敗できる力を持った人こそが、チャレンジを続けて行ける力を持った人だとも言えます。失敗しないということは、挑戦もしていないということになります。もちろん、世の中には1度の失敗をすることなく成功できる能力を持った人もいるとは思いますが、そういう人は例外中の例外です。一般的には、失敗を繰り返すことができる人が、成功に近づけるものだと思います。

だから、私はアスリートや社会人への講演や指導の際にも、とにかく失敗を恐れないで挑戦すること、アクションを起こすことが必要だと繰り返して言っています。

仕事の基本という話の中で「自律」を取り上げ、そのステップは、意欲→意識→行動だと説明しました。最後は「行動」なのです。「知っている」ことと「できる」ことは本質が違います。どんなに前向きなよいアイデアも、企画書を作成したり他者に伝えるというような行動がなければ、成功したのか失敗したのかの結果すら見ることができません。

アスリートの世界で言うなら、なかなか勝てない、記録の伸びない選手が、どうしたらいいかを必死に考えながらも結局日々の練習内容は変わらない、変えられないということと一緒です。どの競技でもトップ選手ほど変化を求め、自分の行動を変えようとしています。これはビジネスでも一緒ですが、現状維持が後退であるということを成功する人ほど分かっているからではないでしょうか。

しかし、言葉で「失敗してもいいからチャレンジしてみなさい」と言われても、なかなか人は聞く耳を持とうとはしてくれません。今回、私が自らの失敗だらけの人生を公にしようと考えた理由はここにあります。

野球、レスリング、大相撲、カヌーと4つの競技へチャレンジして、ボブスレーでは日本代表になった、などと言えば、聞く人は「すごい」「私なんかとは違う能力を持った人なんだ」と、私があたかも特別な人であるかのように受け止められてしまうことがあります。でも、実際はそうではないのです。うまくいかずに悩み、失望、絶望、人生のどん底のような時期を味わいながら、失敗を失敗で終わらせず、次のチャレンジをしたからこそ、現役選手としては最後に何とかオリンピック出場という形で辻褄を合わせることができたのだと思っています。

競技生活引退後も、サポートシステムという自分の発意や競技団体の裏方としての立場でやろうと思ったことを、失敗しながらも行動で示しているからこそ、普通では巡り合うことなどないだろうというような人たちと出会い、助けられています。

今取り組んでいる仕事や競技で結果を出せずにいる人、悩んでいる人、モチベーションが上がらずに困っている人などは、今人生がうまくいっている人を見ると、ついつい嫉妬を覚えてしまうかもしれません。しかし、その成功者たちも、失敗しながらも挑戦を続け、結果として今この瞬間成功しているに過ぎないのです。言い方を変えれば、今失敗しているということは、あなたは次の挑戦で成功できる可能性を持った人なのです。

失敗してもそんな自分を受け入れてやればよいのです。そして成功に向けて、ぜひ次のチャレンジに結び付けていってください。多くの失敗を繰り返してきた私が、私と同じように悩む人たちを見ると、心からそう思います。

おわりに

失敗ばかりだった私の人生ですが、本当に多くの人に助けられ、そのおかげで今もスポーツの現場に関わったり、研修や講演を行うといった充実した活動ができています。

少工時代にレスリングという目標を与えてくれ、また指導も行ってくださった服部助教、少工の先輩であり、カヌーの技術と練習環境を授けてくださった甲斐さん、そしてコンディショニングとトレーニングについて新しい世界を見せてくれた古谷院長。

私の人生の三大恩師と呼べるこの方々を筆頭に、私の人生は私一人の力では切り開けなかったものだと思っています。

現在、社会人、大学生、高校生などを対象に研修や講演を行っていますが、その中で、特にアスリートや新入社員といった若い世代のレポートや研修中の姿勢から、共通して「行動力が足りない」と思う機会が多くあります。

そして、行動を起こさない根底には「失敗を恐れている」部分もあるのではないかと考えているわけです。自信がないと行動が起こせないのは当たり前ですが、自信は行動を起こした結果からしか手に入りません。

私からすると、若い人は「まだまだ失敗が足りていない。もっと試行錯誤を重ねればいいのに」と思うことが多く、そういう時は私自身の経験も伝えることもあったのですが、時間の都合上多くは語れないことがほとんどでした。


失敗してもプラス思考で再チャレンジを行い、その過程で色々な人やチャンスと出会い、最終的には成功につながる。そのサイクルを生むには、まずは挑戦することが大切です。最初から成功するのに越したことはありませんが、別に失敗したっていいのです。

でも、今の世の中では失敗しないことが求められすぎていて、その心の余裕を持てなくなっている人が多いと実感しています。その人たちに、「別に失敗しても、次のチャレンジにつなげればいいんだよ」と理解してもらうにはどうするのがいいか。よくよく考えた結果、ここはやはり私の失敗続きだった人生を知ってもらい、オリンピックに関わるような人も、人生は成功続きではないということを分かってもらうことが最善だと考え、今回筆を執ることにしました。

とは言え、これまでの人生を振り返ることは、楽しいことばかりではありませんでした。特に私が人生唯一の挫折だと感じている相撲部屋からの脱走のくだりについては恥ずかしく、また、辛すぎて記憶に蓋《ふた》をしていたところもあったので、日誌などを引っ張り出しながら当時を思い出すことは想像以上の苦痛を伴うものでした。何もかもが当時の自分のせいではあるのですが（笑）。

決して楽しいことばかりとは言えなかった作業でしたが、それでも最後まで書き通すことができたのは、服部助教、亡くなった甲斐さん、そして古谷院長をはじめとする、これまでの私を支えてくださった方々の教えから構築できた、

「たとえ失敗しても、プラス思考で再チャレンジに結び付ければ無駄にはならない」

「むしろ、失敗できないことの方が問題」という、私の根幹となる考え方を若い世代につないでいきたい、という強い思いがあったからです。

私の失敗ばかりだった人生を公開することは気恥しい思いもありますが、読者の皆さんがそこから「失敗しても大丈夫だ」と気付き、新しいチャレンジへと結びつくなら、これに勝る喜びはありません。

２０１９年１月

山﨑良次

失敗《しっぱい》のチカラ
中途半端《ちゅうとはんぱ》アスリートがオリンピックに出《で》られた理由《わけ》

著者　山《やま》﨑《ざき》良《りょう》次《じ》
2019年2月11日　初版発行

発行者　磐﨑文彰
発行所　株式会社かざひの文庫
〒110-0002　東京都台東区上野桜木2-16-21
電話／FAX 03(6322)3231
e-mail:company@kazahinobunko.com　http://www.kazahinobunko.com

発売元　太陽出版
〒113-0033　東京都文京区本郷4-1-14
電話03(3814)0471　FAX03(3814)2366
e-mail:info@taiyoshuppan.net　http://www.taiyoshuppan.net

印刷　シナノパブリッシングプレス
製本　井上製本所
装丁　重原　隆
DTP　KM FACTORY

ISBN978-4-88469-953-6